财政转移支付对西部地区
发展影响研究

靳友雯 著

中国财经出版传媒集团

经济科学出版社

Economic Science Press

图书在版编目（CIP）数据

财政转移支付对西部地区发展影响研究／靳友雯著．
—北京：经济科学出版社，2017.8
ISBN 978 - 7 - 5141 - 8250 - 7

Ⅰ.①财…　Ⅱ.①靳…　Ⅲ.①财政转移支付 - 影响 -
西部经济 - 区域经济发展 - 研究　Ⅳ.①F127

中国版本图书馆 CIP 数据核字（2017）第 173017 号

责任编辑：白留杰　刘殿和
责任校对：王肖楠
责任印制：李　鹏

财政转移支付对西部地区发展影响研究
靳友雯　著
经济科学出版社出版、发行　新华书店经销
社址：北京市海淀区阜成路甲 28 号　邮编：100142
教材分社电话：010 - 88191355　发行部电话：010 - 88191522
网址：www. esp. com. cn
电子邮件：bailiujie@ esp. com. cn
天猫网店：经济科学出版社旗舰店
网址：http：//jjkxcbs. tmall. com
北京密兴印刷有限公司印装
710 × 1000　16 开　14. 25 印张　200000 字
2017 年 8 月第 1 版　2017 年 8 月第 1 次印刷
ISBN 978 - 7 - 5141 - 8250 - 7　定价：46. 00 元
（图书出现印装问题，本社负责调换。电话：010 - 88191510）
（版权所有　侵权必究　举报电话：010 - 88191586
电子邮箱：dbts@ esp. com. cn）

前　　言

　　我国西部地区幅员辽阔，地形复杂，自然资源丰富，少数民族众多，特殊的自然、地理环境及历史不仅造就了西部地区跨国境、跨民族、跨宗教的地域经济和社会人文风貌，而且决定了西部地区从古至今都是我国维护国家统一、民族团结、政治稳定的重要防线。西部地区经济与社会的健康发展，不仅关系着我国经济的健康发展，而且关系着我国社会的稳定与国家统一。但进入 20 世纪 90 年代后，随着经济改革的深入，我国地区间的发展差距，尤其是东、西部地区间的发展差距日益扩大，西部地区成为我国最为贫穷落后的地区。为改变西部地区贫穷落后的面貌，2000 年中共中央、国务院将"实施西部大开发，促进地区协调发展"作为一项重要的战略提了出来。近年来，随着《关于深入实施西部大开发战略的若干意见》及《西部大开发"十二五"规划》制定实施，我国西部大开发进入纵深阶段，提高西部地区的经济社会发展水平，已成为我国最为重要的区域发展战略。

　　西部大开发战略实施后，我国西部地区的经济和社会发展取得了举世瞩目的成就。经济快速增长，经济实力大幅提升，产业结构不断优化，固定资产投资、对外贸易总额不断增长，教育、公共卫生和居民收入水平也不断提升。西部地区间经济社会发展的巨大成就离不开中央财政对西部地区的大力支持。2001～2012 年，中央财政对西部地区各类转移资金支付累计达 8.4 万亿元，中央预算内安排西部地区投资累计超过 1 万亿元，占全国总量的 40% 左右。先后开工建设了青藏铁路、西气东输、西电东送等180 多项西部大开发重点工程，投资总规模约 3.7 万亿元。中央财政转移支付对西部地区的大力支持，不仅大幅提升了西部地区的可支配财力，而且有力地促进了西部地区的基础设施、科教文卫、社会保障等各项经济和社会事业的发展。

分税制改革后，伴随着中央与地方政府间的财政分权，财政转移支付也开始成为一项正式的财政制度登上历史舞台。而以弥补纵向财政失衡，实现横向财政均衡，矫正区域外部性，以及实现国家政策目标为主要目的的财政转移支付政策自然成为我国中央政府调节区域发展不平衡、推动西部地区经济社会发展的重要手段。虽然中央财政对西部地区的各项转移支付政策有效缓解了西部地区财力不足，推动了西部地区经济社会各项事业发展，但也存在着转移支付政策目标自相矛盾；转移支付种类名目繁杂，地方自主性小；转移支付项目缺乏科学性与规范性，易滋生腐败；转移支付制度使用缺乏相应的监督考核机制，资金效率低；转移支付资金纵向依赖性高，基层财政困难；转移支付导致落后地方政府间的恶性竞争等一系列问题。

发展是人类社会的永恒主题，人们对于发展的认识随着发展阶段的不同而不断演变。现如今人们对于发展的要求已经从单纯的关注经济增长，日益转向关注社会与人的发展。发展不仅要有经济发展量的增长，还应有社会环境质的提升，要创造一种适宜人自身发展的社会环境。财政转移支付政策作为我国西部大开发的一项重要财政政策工具，其对西部经济社会发展究竟影响如何？带着对这一问题的思考，本书借助经济及社会发展相关指标，利用计量分析方法，对财政转移支付政策对西部地区经济和社会发展的影响进行了实证分析。财政转移支付政策对西部地区经济发展的实证分析结果显示：2001～2012 年西部地区人均财政转移支付与人均 GDP 呈正相关，人均转移支付额的增长推动了西部地区人均 GDP 的增长，财政转移支付对经济发展起到了推动作用。由于西部地区财政基本支出缺口大，基础设施等公共产品不仅建设维护成本高，而且规模效应差，与全国相比财政转移支付资金的增加对西部地区经济增长的推动作用十分有限。而财政转移支付政策对以人类发展指数衡量的西部地区社会发展的实证分析结果则显示：2001～2012 年，人均转移支付额的增长有效推动了西部地区人类发展指数的增长，且与经济发展相比，财政转移支付资金的增加对西部地区人类发展的推动作用不仅显著高于其对经济增长的推动作用，也高于同期财政转移支付资金的增加对全国人类发展的推动作用。中央财政对西部地区"两基"攻坚计划、农村义务教育经费、西部地区少数民族高层次骨干人才培养计划及西部地区农村三级医疗卫生服务网络和城市医疗卫生服务体系等多项社会公共服务事业的财政转移支付支持政策，有效弥补了西部地区教育、医疗等基本公共服务支出的缺口，提升了西部地区人民的教育和健康水平，推动了西部地区人类发展水平的提高。与此同时，财政转移支付政策对西部地区经济社会发展差距的均衡性分析结果也显示：2001～2012 年就发展差距来看，引入财政转移支付变量后，我国各地区间的经济增长以及人类发展指数都存在与其相对应的 β 条件收敛，尤其是人类发展水平的收敛速度远高于经济增长的收敛速度，东、西部地区间经济社会发展的差距，尤其是以人类发展水平衡量的社会发展差距不断缩小。而西部地区内部由于经济发展速度的不一，不存在俱乐部收敛，西部地区内部经济发展差距不断扩大。但在中央财政转移支付资金的大力支持下，西部地区内部的人类发展水平呈收敛趋势。西部地区不仅与全国其他地区间的人类发展差距不断缩小，且地区间的内部差距也不断缩小。财政转移支付政策对西部地区的社会发展，尤其是以人类发展指数来衡量的西部地区人类发展水平提升的推动效应十分显著。

　　中央对西部地区的财政转移支付政策虽然对西部地区经济增长的推动作用十分有限，但却有效推动了西部地区以人类发展水平衡量的社会发展水平的提升，以及我国东、西部地区间和西部地区内部社会发展水平差距的缩小，中央财政对西部地区的支持，在社会发展方面取得了良好的政策效果。因此，应在公平、效率、规范、透明及稳定为主、适度灵活原则的指导下，进一步优化西部地区转移支付政策，在持续加大对西部地区财政转移支付力度的基础上，对西部地区转移支付应重点向基本公共服务领域倾斜，适度限制西部地区转移支付对经济领域的投入，建立宽口径的西部地区转移支付分配方式，进一步加强地方税体系和转移支付资金管理等配套措施的改革，增强西部地区财政自身的"造血"功能，提高转移支付资金使用效率。

靳友雯

2017 年 5 月

目　　录

导　论

一、选题背景及意义

我国西部地区幅员辽阔，以 686.7 万平方公里的面积占据了我国国土面积的 71.5%，位居三大区域之首。西部地区地广人稀，人口总量仅为全国总人口的不到 30%，人口密度也仅为每平方公里 53 人左右，是我国全国平均人口密度的不到 40%。西部地区地形复杂多变，生态环境及物种丰富多样，是我国自然资源最为富集的地区。除汉族外，西部地区共有 51 个少数民族，其少数民族人口占到全国少数民族人口的 3/4，是我国少数民族分布最集中的地区。我国五大少数民族自治区，内蒙古、宁夏、新疆、西藏、广西，都地处西部地区。从地理区位来看，我国西部地区 12 个省、市、自治区中，广西、云南、西藏、新疆、甘肃和内蒙古六省、自治区地处我国陆路边境。西部沿边六省与 14 个国家接壤，陆地边境线长达 1.8 万公里，约占全国陆地边境线的 81%。辽阔的面积，丰富的自然资源，众多的少数民族，以及漫长的陆路边境线等，造就了西部地区特殊的地域、宗教、政治、文化特色。跨国境、跨民族、跨宗教的地域经济、文化的融合与冲突，也决定了西部地区从古至今都是我国维护国家统一、民族团结、政治稳定的重要防线。西部地区经济社会的健康发展，不仅关系着我国经济的健康发展，也关系着我国社会整体的安定与统一。

2012 年，我国西部 12 省市经济社会发展各方面都取得了较大的发展。首先，经济总量持续增长。2012 年，西部地区 GDP 总量达到 113904 亿元，人均 GDP 达到 31357 元，2002 ~ 2012 年，经济增长速度均超过 13%。其次，产业结构不断优化升级。2012 年，西部地区第一、第二、第三产业产值在 GDP 中所占的比重为 12.58：50.13：37.28，由于工业的快速发展，第二产业已成为我国西部地区经济发展的主导产业。再次，社会固定资产投资、对外贸易总量及主要产业产品和产值都有较大幅度的增长。西部地区 2012 年社会固定资产投资规模达到 89008.59 亿元，人均固定资产投资达到 24434.44 元，较上年增长均超过 22%；进出口总额达到 648.97 亿美元，较上年增长 27.83%；2012 年，西部地区粮食、棉花、油料主要农产品产量分别达到 15494.73 万吨、370.65 万吨和 933.63 万吨；原油、水泥、粗钢及发电量等主要工业产品产量分别达到 6495.3 万吨、15185.22 万吨、10294.73 万吨和 68751.54 亿千瓦时；人均社会消费品零售总额达到 10255.74 元；铁路运营里程、公路通车里程分别达到 37340.14 公里和 1685719 公里；邮电通信业产值达到 3231.69 亿元。此外，教育、医疗卫生和居民收入水平也不断提升。2012 年，西部地区学校数达到 595 所，在校学生数达到 566.86 万人；医疗卫生机构数达到 30025 个，拥有卫生技术人员 171.58 万人，卫生机构床位 160.96 万张；城镇居民可支配收入和农民纯收入分别达到 20600.18 元和 6026.61 元。

地区间发展的不平衡是我国客观存在的经济与社会现象。从区域上来看，我国地区间的发展差距既存在于东、中、西部地区之间，也存在于南、北地区之间，还存在于东、中、西部地区及南、北地区内部，以及省份内的市县之间。现有多数研究认为，我国经济社会发展最为明显的是东、中、西部地区之间的差距。虽然西部地区经济社会发展各方面都取得了较大的成就，但至今为止西部地区与其他地区间的经济社会发展差距仍十分显著。为缩小不断扩大的东、中、西部地区间发展差距，尤其是东、西部地区间的发展差距，2000 年 10 月，中共中央、国务院印发的《中共中央关于制定国民经济和社会发展第十个五年（2001 ~ 2005 年）计划的建议》中把"实施西部大开发，促进地区协调发展"作为一项重要的战略提了出来。2010 年 6 月 29 日，中共中央、国务院印发了《关于深入实施西部大开发战略的若干意见》，提出进一步深入实施西部大开发战略。2012年，为全面贯彻落实党中央、国务院关于实施新一轮西部大开发的战略部署，促进区域协调发展，国家发展改革委根据《中共中央国务院关于深入实施西部大开发战略的若干意见》和《中华人民共和国国民经济和社会发展第十二个五年规划纲要》，编制西部大开发"十二五"（2011～2015年）规划，提出要紧紧抓住和用好重要战略机遇期，推动西部大开发再上一个新台阶。随着近年来《关于深入实施西部大开发战略的若干意见》及《西部大开发"十二五"规划》制定实施，我国西部大开发进入纵深阶段，提高西部地区的经济社会发展水平，已成为我国区域发展最为重要的战略。

　　世界上绝大多数国家的政府都不止一个层级，与其相对应的国家财政也存在着多级财政。多级财政体制下的政府间财政关系最为重要的内容就是政府间财政转移支付。1994年分税制改革作为我国财政制度历史上最为重大的改革，不仅是我国财政分权体制的开端，也是我国转移支付制度的开端。分税制改革至今，我国已逐步建立起了一套完善的中央与地方政府之间的财政转移支付制度。分税制改革后，随着财权的上收，我国中央财力不断增强，中央对地方转移支付规模不断扩大。2013年，中央对地方的税收返还和转移支付达到48857亿元，相当于1995年2534亿元的近20倍，年均增长率达到18.14%，超过了同期国民生产总值的增长速度。2013年，中央对地方的税收返还和转移支付相当于地方财政支出的40.96%，也就是说，40.96%的地方财政支出是来源于中央财政的转移支付。在国家推出的一系列协调区域发展的重大战略中，转移支付在其中发挥着越来越重要的作用。

　　以西部大开发为例，2000～2012年，中央财政对西部地区财政转移支付累计达8.5万亿元，中央预算内投资安排西部地区累计超过1万亿元，占全国总量的40%左右。先后开工建设了青藏铁路、西气东输、西电东送等187项西部大开发重点工程，投资总规模约3.7万亿元。中央财政转移支付对西部地区的大力支持，不仅使得西部地区的可支配财力大幅提升，也有力地促进了落后地区的基础设施、科教文卫、社会保障等各项经济社会事业发展，为促进区域间基本公共服务的均等化提供了财力保障。

财政转移支付政策作为我国西部大开发的一项重要财政政策工具，其对西部经济社会发展究竟影响如何？对这一问题的探讨，不仅对评价我国西部大开发财政政策的效果具有重要意义，而且对深化财政转移支付理论，完善我国转移支付制度也具有重要的意义。

二、国内外研究综述

（一）政府间财政转移支付

除小型联邦制国家外，世界上绝大多数国家的政府都不止一个层级，因此作为政府"理财之政"的国家财政相对应的也存在着多级财政层级，而政府间的财政转移支付几乎占据了政府间财政关系的全部内容（Shah，2006）。在多级政府国家中，财政转移支付制度是处理各级政府间财政关系的普遍选择。

1. 政府间财政转移支付界定的研究。

1835 年，英国政府实行的专项补助，被视为现代财政转移支付制度的起源。此后，随着各级政府间财政关系的日益紧密，政府间财政转移支付日益频繁，并成为现代多级财政制度中处理不同层级政府间财政关系不可或缺的必要制度。

而对于何为政府间财政转移支付的界定，庇古（1928）在其《财政学研究》中最早将财政资金分为消费经费和转移经费，界定转移经费通过国内购买来调节分配关系，是一种间接地对国民经济的再分配。但随着各国政府间转移支付制度的不断完善和发展，政府间转移支付制度实践的国别间差异巨大，因而对转移支付的理解也理所当然存在一定的差别。联合国《1990 年国民账户制度修订案》则将转移支付解释为："货币资金、商品、服务或金融资产的所有权由一方向另一方的无偿转移。转移的对象可以是现金，也可以是实物。"国际货币基金组织（1993）编定的《政府财政统计手册》认为，转移支付不仅包含国家内部的转移支付，还应包括国际间的转移支付。中国社会科学院经济研究所（2005）编写的《现代经济辞典》将转移支付解释为："政府或企业的一种不以取得商品和劳务作为补偿的支出"。现有研究成果对转移支付的含义尚未形成各国间普遍认可的界定。

我国学者钟晓敏（1998）指出，实践中狭义的财政转移支付，即财政资金从上一级政府流向下一级政府是最常见的财政转移支付形式。广义上的财政转移支付既包括上级对下级的转移支付，又包括下级对上级财政上解的转移支付。刘小明（2001）提出政府间财政转移支付从狭义上讲，一般特指相邻两级政府，上级对下级无偿的财力补助；而广义上的政府间财政转移支付，指一国内各级政府在既定财权事权框架下，划分财政收入，进行财政资金的相互转移。

对于政府间财政转移支付的形式，马骏（1998）指出，政府间财政转移支付按照是否有约束，可分为无条件拨款和有条件拨款；何振一（2003）则以资金拨付将政府间转移支付划分为一般性转移支付、专项转移支付和有条件转移支付；吴俊培（2003）以中央政府补助的目的划分为定额配套补助、综合补助和地方专项补助。

2. 政府间转移支付必要性的研究。

虽然在公共财政理论的研究中，常常将政府看作一个简单且单一的实体，但在现实的实践中，各个国家的政府非但不是简单的，也不是单一级次的，而是由若干级次的政府构成的一个多层次复杂系统。各国政府除中央政府外，至少还存在一级或多级地方政府。不同级次政府的存在，就使得各级政府间财权的划分成为必然。而各级政府间由于财权划分带来的财政关系如何处理，成为政府间财政转移支付需要解决的问题。

（1）财政分权理论的研究。以 Tiebout，Oates 等为代表的第一代财政分权理论认为，地方政府在公共品的供给方面拥有比较优势，向下级政府分权提高了公共产品供给的效率。

Charles M. Tiebout 在 1956 年发表的 "A Pure Theory of Local Expenditures"一文中，假定居民可以完全不受限制的自由流动，并可充分获得各辖区内公共服务和税收的完全信息，且公共物品在各辖区间不存在外溢性，地方政府根据其居民偏好可以在税率和公共产品之间形成不同的组合，在这样的假设前提下，居民将以"用脚投票"的方式确定自己所愿意居住的地区。居民不断"用脚投票"使得拥有相同偏好的居民聚集到同一地区，不仅公共产品的供给成本最低，社会福利也实现最大化。地方政府通过调整税率和公共产品供给策略，实现地区内居民偏好和政府公共产品供给间的匹配，提高了公共产品供给的效率。

而 Stigler（1957）和 Tresch（1981）则指出，如果社会中的信息是完全可获得的，经济活动也是完全确定的，那么中央或是地方政府对公共物品的提供将是无差别的。但现实往往难以满足这些假设，地方政府虽然具有"非完美性"，但与中央政府相比，地方政府更接近其辖区内的居民，更了解居民对公共产品的需求偏好；而中央政府则由于距离居民较远，因而对全体公众的偏好无法完全了解，在提供公共物品的过程中就易发生"偏好误差"，进而影响公共产品供给的效率。

Oates（1972）分权定理认为，最能反映居民偏好的公共产品的组合是最具有经济效率的，如果对某种公共产品的消费遍及各地区的全部居民，且中央与地方政府对这种公共产品的供给成本相同，那么由地方政府根据区域内的人口规模，将一个帕累托有效的公共产品量提供给辖区居民，将比中央政府对每个地区等量地提供公共品效率更高，更易实现配置的最优。

以钱颖一（Qian & Weingast，1996，1997，1998）为代表的第二代财政分权理论，则在第一代的基础上将关注的焦点放在政府行为的激励和经济增长上。传统分权理论只从地方政府的信息优势和公共产品供给效率的角度说明了分权的好处，第二代财政分权理论借助公共选择理论，委托代理理论和信息经济学，进一步论证了分权的合理性，并探索如何在信息非对称条件下设计地方政府的激励机制以实现公共产品供给的效率。第二代财政分权理论认为，政府和政府官员也存在物质利益，一旦缺乏必要的约束机制就会产生"寻租"行为,一个有效的政府结构应该实现官员的激励机制与辖区内居民福利之间的融合。并在中国分权改革的启发下提出了"市场维护型财政联邦主义",指出财政分权通过分享市场的治理权,激励地方政府培育地方市场,同时限制中央政府的政治性干预对市场的扭曲,促进了经济的繁荣。分权的制衡效应也硬化了预算约束,降低了通胀,中央政府通过地方政府间竞争形成的激励机制,也促进了经济绩效的提升(Maskin,2000)。

(2)财政分权理论下政府间转移支付的研究。财政分权理论下,财政收入的分权逻辑与支出的分权逻辑也不尽相同。

一方面,Tiebout(1956)从财政支出效率的角度分析认为,考虑到"偏好误差"、信息的不对称和地方政府的优势等因素,将部分支出责任下放给地方政府,将使公共品的供给更有效。但这并非否定中央政府存在的合理性,对于分权带来的区域间分配不平等及地方政府间的竞争与摩擦,中央政府的调节是不可或缺的。Cremer(1994)指出,不同类型的公共品应由不同级次的政府来提供,以便充分发挥各级政府在选择偏好上的比较优势。Bailey(1999)也从财政支出效率的角度指出,具有区域外溢性的公共产品,由于地方政府供给存在成本和收益的不对称,因而供给积极性低,所以区域外溢性的公共产品由中央政府提供更有利于满足居民对这类公共产品的需求。

另一方面,Musgrave(1983)从财政收入效率的角度分析提出,流动性强或是具有分配功能的税种,由中央政府来征收更利于实现税收的公平;而对于信息不完善、不对称的税种,则需要由更低一级的政府来征收才能有效降低征税成本。我国学者曾军平(2000)指出,若考虑税收的公平性,财政收入的绝大部分将被中央政府占据;而若考虑到财政支出效率,大部分的支出责任又归属地方政府。这种纵向的财政收入与支出间的不平衡使得中央政府要将其结构剩余转移给地方政府,以弥补地方收支结构性赤字。

理论上,分权追求的是效率而非平衡(范子英,2010)。对效率的追求不可避免地将产生不平等，而对平等的追求也会影响人们投资、储蓄和工作的积极性，进而影响效率。但现实中效率与公平间一般是相妥协的，而非完全的平等或完全的有效率（Aithur，1962）。因此，在任何财政分权体制下，转移支付都是其非常重要的组成部分，是对分权的必要补充，是在财权下放给地方政府的同时保证国家整体目标实现的有效工具。政府间财政转移支付被认为是在发挥财政分权优势的同时，避免不利影响的强有力的工具，其作用有时可以用惊人来形容（Shah，2006）。而转移支付制度设计的一个重要目标就是要使其与财政分权的目标相一致（辛波，2005）。

（3）政府间财政转移支付职能的研究。Roy Bahl（2000）指出，对于发展中国家而言，政府间转移支付的目标除纠正或调整政府间纵向和横向财政失衡，促进具有正外部性的地方性公共物品的供给，加强公共财政系统的管理外，财政转移支付还有限制地方政府的权力，维持地方与中央的一致性，防止地方腐败，转嫁中央财政赤字的目的。Anwar Shah（2006）在《政府间财政转移支付》一书中指出，政府间财政转移支付的主要目的是实现公共服务均等化，弥补地方财政缺口，防止无效率的移民，补偿福利的外部性，以及实现中央政府宏观调控目标。根据政府间转移支付的主动性，可将其划分为积极的转移支付和被动的转移支付。当下级政府出现纵向财政缺口时，为弥补财政缺口，需要联邦政府对州政府的转移支付来平衡联邦与州之间的预算，这种转移支付是联邦财政一种被动的职能。而为了消除财政能力和净财政收益差异引起的无效率迁徙，实现社会公平，在传统联邦体制下一般选择一套可行的转移支付制度，以积极实现均等化目标，维护公共服务的国家标准，协调区域间经济发展，则是转移支付制度积极主动的职能。

我国学者对政府间财政转移支付存在的理论依据也进行了相关的研究：蒙丽珍（1997）指出，财政转移支付的终极目标是社会公平，而直接目标是财政能力的均等化。马海涛（2004，2010）从公平与效率的关系出发，将政府间转移支付的目标概括为：实现各级政府财政能力和公共服务水平的均等化的直接目标；实现各地区之间经济相对均衡发展的基本目标；以及实现社会公平的终极目标三个层次。并指出作为财政体制重要组成部分的财政转移支付制度的建立与完善，是深化我国财政分权改革，完善分税制财政体制，调节中央与地方收入分配的内在要求。谢京华（2011）则将转移支付的目标划分为宏观政策目标与机制性目标。政府间财政转移支付的直接宏观政策目标是实现财政均等，终极宏观政策目标是实现公共服务的均等化。而针对财政分权提高财政资源配置效率的同时带来的横纵向财力不平衡的负面效应，上级政府应依据既定的机制目标，制定有效的转移支付政策，实现经济社会的均衡协调发展。转移支付机制性的目标包括调节财力分配的横纵向不均衡，对地方利益的"外溢性"进行调整，以及弥补税收划分的不足。

（二）财政转移支付与经济发展

政府支出与经济增长之间的关系问题，一直是经济学研究的核心问题。对于这一问题，中外学者从理论到实践进行了长期大量的研究，形成了丰硕的研究成果。财政转移支付作为多级政府中调节财力分配的普遍手段，其对经济增长的作用也日益受到关注。

1. 政府支出与经济增长的理论研究

现代经济学之父亚当·斯密（1776）在其《国富论》中探讨了国民财富的增长，认为国民财富的增长取决于劳动生产率的提高，而劳动生产率的提高又离不开资本的积累和投入。但对于投资的主体，亚当·斯密认为政府财政支出是非生产性的，其作为投资主体会阻碍经济的增长，政府应该成为市场的"守夜人"。以斯密为代表的古典经济学家认为自由竞争是经济增长的根本动力，政府由于其非生产性，应保持最小规模。

凯恩斯学派的创始人，英国著名经济学家凯恩斯，早在1926年就发表了《自由放任主义的终结》一书，他力图证明，借助于国家在支出和税收方面的主动政策和对货币流通和信贷的调节，可以消除因总需求不足形成的固有的失业和经济危机。1936年，凯恩斯发表了他的代表作《就业、利息和货币通论》，利用边际消费倾向概念建立投资乘数理论，论证了政府投资具有"倍数"扩张社会总需求的作用。因此，在私人投资缺乏时，政府应增加开支，扩大公共工程投资，增加其他非生产性开支，来弥补私人投资的不足，解决失业问题。凯恩斯的继承者萨缪尔森，在《乘数分析与加速原理的相互作用》（1939）一文中，通过对个人消费、私人投资和国民收入等主要经济变量相互关系的分析，提出了"乘数—加速数"模型。

20 世纪 60 年代以后，随着政府规模的不断扩大，公共支出在国民生产总值中所占的比重日益提高，政府支出与经济增长之间的关系也日益受到学者们的关注。随着 80 年代内生经济增长理论的提出和不断发展，对政府支出与经济增长的理论研究也取得了新的进展。Arrow（1962）提出了"干中学"理论，认为投资和生产过程能够产生新知识，即技术进步是资本积累的副产品，将资本积累和技术进步联系在一起。其后，Arrow 和 Kurz（1970）在新古典模型的框架下，第一次将公共资本引入生产函数方程，分析了财政支出对经济增长的影响。在新古典经济增长模型中，鉴于资本的边际报酬递减，经济长期增长依赖技术的进步，政府支出虽然能够对于产出产生正效应，但对经济的增长率并没有持久影响。

美国经济学家 Barro（1990）在内生经济增长的框架下，分析了财政支出对经济增长的影响。Barro 通过构建包含政府投资的内生经济增长模型，第一次将生产性公共资本引入内生经济增长模型。与 Arrow 和 Kurz 不同的是，Barro 假定公共投资以流量的形式，而非公共资本存量的形式投入生产函数，由于规模报酬不变，政府支出将对经济产出有持续的增长效应。Barro 还进一步将政府支出划分为政府投资性支出和政府消费性支出，政府的投资支出具有生产性，能够直接影响经济增长，而政府消费支出中对家庭的转移支付部分虽然无法直接作用于经济增长，但政府消费性支出能够促进人民生活水平的提高。

1996 年，德国经济学家阿尔弗雷德·格雷纳在《财政政策与经济增长》一书中，以内生新增长理论为分析框架，对政府财政政策与经济增长进行深入研究。Alfred 指出政府财政政策可通过影响生产性公共资本、人力资本投资、科技投入、弥补经济的外部性等方面直接或间接对经济的长期增长产生正的激励效应。

2. 转移支付与地方经济增长的研究。

（1）转移支付与地方财政支出的研究。转移支付制度作为分级财政制度中调整中央与地方，地方与地方间财政资金分配，处理中央与地方及地方间财政关系的重要财政制度，在世界大多数国家财政支出中所占的比重都出现了不断提升的态势。因此，财政转移支付对地方财力的影响受到了学者的广泛关注。Mariano（2001）研究发现，在世界各国的财政收支划分中，普遍的做法是将主要的收入权利划分给中央，而与此同时将主要的公共服务支出责任划分给地方。财政收入与支出权限划分的不对等不仅是政府间财政纵向失衡的原因，也是中央对地方政府进行转移支付的客观原因。

吕炜（2005）在对 OECD 国家转移性支出的研究中发现，1965 ~ 2000年 OECD 国家转移支出占 GDP 的比重由最初的 6% 左右，上升到 20% 左右，提升了近 1 倍。其中，欧盟国家的上升幅度约为 60%；而美国 20 世纪 70 年代后财政补贴不断增长，到 2003 年，联邦政府对州政府的财政转移支付补贴已占到了州与地方政府当年总支出的 30% 以上。

2004 年日本学者 Nobuki 对日本中央与地方政府间财政关系的研究表明，鉴于日本中央与地方的财政收入与财政支出责任划分中的不平等，财政收入仅占全部财政收入四成的日本地方政府，要负担仅六成的支付支出。收入与支出责任的不平衡，就使得日本地方政府的财政支出有赖于中央政府对地方政府的转移支付。

Afonso（2006）、Remy（2006）和 King（2006）的研究指出，由于财政分权带来的财政收支责任划分的不平衡，英国、法国和巴西都存在纵向的中央与地方政府间的财政不平衡，中央对地方的财政转移支付都对地方政府的可支配财力产生直接的影响。英国和法国地方政府收入的 40% 以上都来自财政转移支付，巴西地方政府的财政收入对财政拨款的依赖程度更高，达到 70%。

1994 年我国分税制改革后，财政转移支付制度作为分税制改革最主要的配套财政制度，在处理中央与地方及地方间财政关系和资金分配中起着举足轻重的作用。马海涛（2004）在对政府间财政关系的研究中指出，增值税、所得税等大额税种要实现规模经济，则应由中央政府征收。李齐云、马万里（2012）的研究指出，以政治集权与经济分权紧密结合为特征的中国式财政分权制度下，随着共享税的增多，以及地方支付支出责任的不断扩大，地方政府收支非均衡不断加剧，转移支付制度的完善和规范是解决地方财政困难不可或缺的制度需求。

（2）转移支付与地方经济增长的研究。政府支出与经济增长的理论研究表明，政府支出不仅是作为经济增长的重要资金来源，还通过影响人力资本投资、科技投入、弥补经济的外部性等方面直接或间接对经济的长期增长产生正的激励效应。刘玉、刘毅（2003）通过对 1995～2000 年各省区市的人均财政转移支付额与其他经济变量之间的相关性分析发现，现行财政转移支付制度虽存在不足，但对调控区域经济仍然发挥了积极作用。首先，财政转移支付很大程度上缓解了欠发达地区的财政困难；其次，财政转移支付与大多数地区经济增长的相关性较强，目前欠发达地区财政转移支付对地区经济增长的带动作用低于发达地区，与各区域所处的经济发展阶段和资金投向有关；再次，财政转移支付对欠发达地区城镇居民收入的提高起到了较大的作用。

马拴友、于红霞（2003）采用增长回归法，利用 1995～2000 年分省面板数据，估计了财政转移支付对地区经济收敛的影响，发现我国的财政转移支付总体上并没有缩小地区经济差距。他们认为，主要原因是转移支付资金分配对地区差异考虑得较少，由此产生了不科学和不公平。另外，资金的使用效率也较低。

江新敕（2007）利用 1996～2004 年的分省面板数据计量分析发现：转移支付在地区间的数量分布具有"马太效应"，越是富裕的地区，得到的转移支付量越多，转移支付没有发挥缩小地区间发展差距的作用；将转移支付进一步细分发现，专项转移支付和税收返还扩大了地区发展差距，财力性转移支付有助于缩小地区发展差距，并且推动经济增长的效率也最高，但是相对规模太小。

彭涛等（2008）对 1978～2006 年政府转移支付与经济增长的实证研究发现，转移支付与经济增长存在长期且稳定的协整关系，中国政府转移支付对经济增长的影响十分显著，但经济增长对转移支付的影响不显著。

郭庆旺等（2009）在多级政府框架下的两部门内生增长模型内，从理论上探究最优中央财政转移支付规模及其对经济增长的影响，其理论分析指出，中央财政转移支付对长期经济增长的影响在理论上并不确定，只有当中央财政转移支付小于最优规模时，中央财政转移支付增加将有助于长期经济增长。其进一步利用我国 30 个省份 1995～2006 年的现实数据进行的实证分析发现，分税制改革以来，我国中央财政转移支付有助于地区经济增长但影响并不显著，中央财政转移支付政策与地方公共资本投资间存在明显的相互影响，且这种影响强化了中央财政转移支付的地区经济增长效应。

（三）财政转移支付与社会发展

社会发展是人类社会的永恒主题，也是政府追求的终极目标。随着人类社会的不断发展，人们对于发展的认识也在不断演变，现如今人们已经不再单单关注经济的增长，而是日益关注社会与自身的发展。

传统经济发展观认为，发展主要表现为经济总量的增长。而现代社会发展观的发展不仅表现为量的增长，还对社会发展提出了质的要求，经济发展与社会发展必须保持协调关系。一国社会发展目标的实现除了经济发展的支撑，还需要作为社会组织和管理者的政府通过规范社会制度，提供各项公共产品与公共服务，满足人们对社会发展多方面的需求。财政作为以国家为主体的分配活动，与经济社会发展之间存在着密切的关系，财政转移支付制度作为多级政府间处理财政关系和再分配的主体，直接影响公共产品的供给及公众需求的满足，进而影响经济社会的发展。

1. 社会发展的研究。

第二次世界大战后，世界各国的重心由战争转向经济建设。社会发展作为一个新的跨学科研究领域在欧美等国家迅速兴起，各种社会发展理论、发展模式和发展战略观也相继问世。

经济增长观是最早最传统的社会发展观。早在古典政治经济学时代，亚当·斯密（1776）就在其《国富论》中最早探讨了国民财富的增长，认为国民财富的增长表现为经济的增长，成为现代经济增长理论的渊源和萌芽。此后经济学界就一直没有停止对经济增长的探索，尤其是第二次世界大战以来，出于战后重建和发展经济的迫切要求，经济增长问题成为经济学界关注和研究的主流，并形成了以哈罗德—多马模型（Harrod，1948；Domar，1947）为代表的现代经济增长理论，以索洛—斯旺模型（Solow，Swan，1956）为代表的新古典经济增长理论，以及以内生经济增长理论为代表的新增长理论（Paul Romer，1986；Robert Lucas，1988）。

虽然经济增长论对促进经济增长和财富积累起到了积极作用，但是片面追求经济的增长并没有提高人民的福祉，相反却出现了政治腐败、收入分配不公、经济结构失衡、失业率飙升、社会动荡、生态破坏等诸多严重的社会问题，很多发展中国家在经历短暂的增长时期之后便陷入停滞甚至衰退。由于经济增长引导下的发展出现了一系列社会问题，学者们开始对经济增长观进行反思。英国经济学家柯林·克拉克、西班牙学者费德里科·马约尔、发展经济学家汉斯·辛格、美国学者托达罗等，在肯定经济增长是发展的基础上，更多地强调发展中的质的变化，认为社会发展是在经济增长基础上的政治、文化、社会等多维变化过程，是经济的综合发展。

第二次世界大战后的二三十年，人类经济发展取得了前所未有的巨大成就，但是也付出了相当惨重的代价。伴随着经济快速发展而来的是资源浪费、环境污染、生态失衡、温室效应、能源危机等严重影响和制约人类生存和发展的问题，人们逐渐意识到人类主体与生活于其中的环境客体之间是一种共生共荣、唇亡齿寒的关系，可持续发展观应运而生。1987年，联合国世界环境与发展委员会发表的《我们共同的未来》报告提出了可持续发展的观点。1995 年，联合国社会发展世界首脑会议通过了《哥本哈根社会发展问题宣言》和《社会发展问题世界首脑会议行动纲领》，该次会议提出，可持续发展由经济发展、社会发展和环境保护组成，三者相互依赖、互为加强，可持续发展是实现全体人民生活质量提高的发展框架。

从最广泛的意义上讲，人的发展是人类的最终目标，与其他方面的发展或目标相比，它应占绝对优先的地位。美国现代化专家阿历克斯·英格尔斯提出社会发展最终所要求的是人在素质方面的改变，人的发展是人类社会发展的前提条件，同时也是发展的最终目标。联合国开发计划署发布的《1990 年人类发展报告》指出，发展是一个不断扩充人们的可选择范围的过程；发展应该为人们创造一种能够发挥全部潜力的环境；发展应能够满足人们的需要。人本主义发展观反映了社会历史走向人文化和综合性发展的时代趋势。

纵观社会发展观的发展历程，其经历了从"经济增长"到"经济综合增长"，再到"可持续发展"，最后到"以人为中心的各项事业的共同发展"的历程。社会发展观的转变，实质反映的是社会发展目标和发展重心的转移，即人们对于发展观念的重大转变。

2. 财政转移支付与社会发展。早期的社会发展观将经济增长与社会发展相等同，认为社会的发展可以用经济增长来直接加以衡量。客观上来说，在社会发展水平较低的时候，以经济增长为代表的物质财富的增长是社会发展的主流，而仅仅将经济增长等同于社会发展的观点，忽略了自然环境和人自身的生存发展及其基本需求，导致"有增长无发展"。随着社会的发展，社会发展的内涵也随着人们需求的多样化日益丰富。

财政支出就其本质来讲，可看作是一国政府为管理本国政治、经济和社会各方面事物而产生的资金流出，是为了实现政府职能的资金再分配活动，而国家和政府社会管理者的职责就决定了财政支出应以社会的和谐发展及人类的全面发展为终极目标。早在 19 世纪，英国古典政治经济学创始人威廉·配第（1862）就在其《赋税论》中指出，政府的财政支出范围应该根据政府职能界定。德国著名财税学家阿道夫·瓦格纳（1882），通过对 19 世纪欧美日财政支出的研究发现，随着经济和社会的发展，国家职能不断扩大，公共支出在经济增长中所占的比重将不断上升，即"瓦格纳法则"，也称为"政府扩张法则"。美国经济学家理查德·阿贝尔·马斯格雷夫（1969）在其著作《财政理论与实践》一书中系统地阐述了用经济发展阶段论来解释公共财政支出增长的原因，也就是著名的"经济发展阶段增长理论"。马斯格雷夫认为，不同经济发展阶段，政府财政支出的重点不同，随着经济发展阶段的提升，政府的财政支出也日益由生产性支出向公共服务性支出倾斜。而著名的"穷人的经济学家"Amartya Sen（1999）更是在其《以自由看待发展》一书中就明确指出，社会发展是人们享有的真实自由的过程，而政府应通过增加医疗和教育方面的公共服务支出实现穷人的自由和发展。

我国学者胡鞍钢（2008）对地区差距和社会发展的研究也指出，经济增长与社会发展，尤其是以人为主的社会发展间不具有必然联系，而当前我国政府的主要职责应实现从关注经济增长到关注社会发展的转变。姚明霞（2008）借助综合性社会发展测度指数——人类发展指数，对我国政府财政支出对经济社会发展的影响进行研究，指出政府财政支出对经济社会的影响是综合性的，与人均 GDP 相比，我国人均政府财政支出对我国的人类发展指数影响更为显著；相较于经济增长，财政支出的增长更有利于保证经济社会综合、全面的发展。铁刚（2010）和孙荣、辛方坤（2011）借助社会福利指标和社会福利函数研究财政支出与社会福利的关系，其研究结果指出，财政支出与社会福利综合指标存在显著关系，不同类型财政支出对社会福利的产出弹性不同，要想长期提高整体社会福利，应加大对社、教、文、卫的公共服务的财政支出。

财政分权已成为多级政府政体下各国财政体制改革的必然，而国外学者对于财政权的实证研究发现，财政分权对公共产品供给、社会福利改善等一系列指标产生直接的影响。Humplick（1995）、Huther 和 Shah（1998）的研究发现，财政分权不仅至少可使多项基础设施建设项目中的一项指标获得改善，而且与多种治理指标之间呈正相关关系。而 Luiz 和 Mztias

（2001）对财政分权与各类政府治理指标的研究发现，通过上收财权下放事权，增大中央政府对下级政府的转移支付比重，有助于改进财政分权在政治稳定、法制化、管理成本等方面的绩效。

自我国分税制改革以来，从过渡时期的转移支付制度到现在，已形成了一套较为完善的财政转移支付制度。转移支付制度实行以来，其不仅通过对扩充地方政府的可支配财力，为地方财政保障实力的提升，及公共产品的供给提供了可靠的资金保证；而且还通过对农村税费改革、最低生活保障制度、义务教育经费、公共卫生经费的投入，推动了我国农村及教育、医疗、社会保障等多方面的改革，推动了我国社会的不断发展（寇铁军等，2004；王保安，2006；邢战坤，2009）。

（四）财政转移支付对西部地区经济社会发展影响

分税制改革后，财政转移支付制度作为弥补我国地方政府纵向与横向财力不平衡，提升落后地方财政支出能力的财政再分配制度，其在提升我国落后的西部地区政府的财政支出能力，促进西部地区经济社会发展方面的作用受到了我国学者的广泛关注。

对于分税制后我国转移支付制度对中央与地方政府之间，以及地方政府与地方政府财力的影响，学者们进行了大量的实证分析，但研究结论却呈现较强的阶段性。2005年以前Tsui（2005）、曾军平（2000）、刘溶沧、焦国华（2002）、黄佩华（2003）、张雪平（2004）、葛乃旭（2005）等学者们的研究结果都认为：分税制改革后，财政转移支付制度虽然在实现纵向平衡方面富有成效，但并未实现分税制改革之初所设想的在加强中央财力后，通过中央对地方的转移支付制度对财力进行再分配，最终实现地区间财力的横向均衡的目标。这一阶段的研究发现，我国地区间转移支付前和转移支付后各地方财政能力的差距没有明显变化。由于转移支付制度中均衡性较强的财力性转移支付在转移支付中所占的比重较低，而与各地区财政收入能力直接挂钩的税收返还在转移支付中所占的比重较高，而税收返还制度又采取"一刀切"方式，就使得各地区的财力差距直接表现为经济实力的差距。随着西部与东部地区间经济发展差距的扩大，其地方政府间的财力差距也不断扩大，而2005年后研究成果则与之前的研究结果呈现明显的不同。吴泽胜（2008）对财政支出绩效的研究发现，1995~2007年转移支付在中央本级每年的财政收入中所占的份额都超过60%，且一半左右的地方财政支出源自中央的转移支付，现行政府间转移支付制度对中央与地方之间财政纵向平衡作用非常大；省际间人均财力分布的泰尔指数显示政府间转移支付制度促进省际间横向财力均等化绩效2000年以后尤为突出。刘扬和董兆平（2005）、曹俊文（2006）、李安泽（2008）、姜冰雨（2009）、胡德仁和刘亮（2008，2010）、李齐云和刘小勇（2009）等学者的研究结果指出，中央对地方的财政转移支付有效实现了财政的纵向与横向均衡；缩小了东、西部地区间的人均财政支出差距；就转移支付结构而言，一般转移支付或财力性转移支付对西部地区地方政府财政支出能力的支持最为显著，财力均衡作用最强；专项转移支付也对东、西部地区间的财力均衡具有一定的均衡能力；但税收返还制度不仅不具有均衡效应，还进一步拉大了地方财政支出能力的差距。刘家庆、徐继之（2009）则指出，财权层层上移，事权件件下放的直接后果就是地方由于财权与事权不匹配带来的地方财政困难；共享税分配比例的"一刀切"也造成了不同经济发展水平地区间财力的横向不均衡。张玉荣、冯毅（2010）则通过对泰尔指数及贡献值的研究指出，2000~2008年通过财政转移支付资金的再分配，一方面，我国各省地方政府间财政支出能力的差异度下降了50%以上；另一方面，东、中、西等地区之间的财政支出能力的差异度下降的趋势更为显著，下降幅度达到70%以上；而且转移支付对省际间和地区间财政支出能力差异度缩小的影响力日趋强烈。之所以会出现这样阶段性的研究差异，主要是因为随着西部大开发政策的实施，中央对中西部地区转移支付力度的加大，以及财力性转移支付在转移支付总额中所占的比重不断提升，使得转移支付不仅纵向均衡效应持续显著，其横向均衡效应也不断加强。

与东部地区相比，西部地区由于初始资源禀赋较为匮乏，经济发展相对落后。我国经济发展的地区差距主要表现为西部与东部地区之间的经济发展差距。因此，促进西部地区的经济增长对推动我国经济的整体增长，及缩小地区间经济发展差距具有重要的现实意义。而就转移支付与西部地区经济增长的研究方面，陈志勇（2001）、程骏（2001）、马拴友（2003）、李波（2004）、王迎春（2004）、黄解宇（2005）等学者的研究指出，分税制改革后，中央对西部地区的财政转移支付有效弥补了西部地区的财政支出缺口，促进了西部地区的经济增长；但由于转移支付结构的不合理，转移支付制度的不透明与不完善等问题，中央对西部地区的转移支付政策还有待进一步完善；转移支付对西部地区经济增长的推动力有待进一步提升。刘群（2011）对西部地区财政转移支付与经济增长效应的实证研究发现，西部地区经济增长与政府财力之间存在长期、良性的动态协整关系，扩大政府转移支付规模，完善财政转移支付制度，对促进西部地区经济发展有重要意义。刘梅（2012）对西部民族地区的实证分析，也得出了民族地区财政转移支付与各项宏观经济指标都得到了较快增长的研究结论。财政转移支付制度有效补充了地区财力，尤其是落后的西部地区的财力，推动了地方经济的增长。

随着人们需求的日益多样化，以及对发展认识的不断深化，较之单纯的经济发展水平的差距社会发展水平的差距日益成为人们关注的焦点。联合国计划署1990年开始以人类发展指数作为评判世界各国社会发展水平的指标，我国学者杨永恒和胡鞍钢（2005，2006）、赵志强和叶蜀君（2005）、吴映梅等（2008）学者也利用这一指数对我国各地区社会发展水平进行了研究。杨永恒、胡鞍钢（2005，2006）利用人类发展指数进行聚类分析，将我国1982～2003年各地区的人类发展水平分成了"四个世界"，人类发展水平最高的第一世界一直被东部的北京、上海、天津三市独占，而西部青海、云南、贵州、西藏、甘肃等省份则一直处于人类发展水平最低的第四世界，东西部地区间的社会发展水平差距也十分显著。吴映梅等（2008）的研究结果则进一步指出，西部地区之所以处于我国各地区人类发展水平的中下级的主要原因是由于我国经济发展格局的东高西低所造成的。赵志强、叶蜀君（2005）指出，虽然 20 世纪 90 年代以来，东、中、西部地区间的收入差距显著且日益扩大，但由于东、中、西部地区间教育和预期寿命指数差距逐渐缩小，使得西部与东、中部地区间人类发展水平间的差距开始呈现出收敛的迹象。虽然霍景东和夏杰长（2005）、潘雷驰（2006）、戴珊珊（2007）、姚明霞（2008）等学者针对财政支出对我国人类发展水平影响的研究，证实了财政支出对我国人类发展指数存在正效应，但都未对我国各地区财政支出水平与地区人类发展水平及其差距间的影响进行分析。我国中央财政转移支付对地区间社会发展水平的影响，尤其是对西部地区社会发展水平的影响的研究，则多集中于分析转移支付对西部地区教育、医疗卫生、社会保障等社会基本公共服务某一方面或几方面的影响，形成了大量的研究成果。且大多数研究成果显示：90 年代，由于经济发展、居民收入差距的加大，财政收入的不均衡等原因，我国东、西部地区间基本公共服务水平的差距呈扩大的趋势。西部大开发后，随着中央对西部地区的一般转移支付和专项转移支付资金的持续增加，不仅大幅提升了西部地区的可支配财力，而且推动了西部地区教育、医疗卫生、社会保障等基本公共服务水平的大幅提升。

国内外关于转移支付的理论与实践研究已经较为丰富，为本书研究转移支付对经济社会的影响提供了充分的研究基础。但现有转移支付与经济社会发展的理论与实证研究仍存在一些不足之处：一是理论研究方面，现有理论研究多集中在政府公共支出以及财政分权制度对经济社会发展的影响方面，对于财政转移支付对经济社会发展影响的理论研究多以借助公共支出理论的理论推演为主，而在传统公共财政理论框架中，财政转移支付制度究竟如何影响经济增长与社会发展仍然属于一个"黑箱"。二是在实证研究方面，我国现有实证研究多以转移支付对经济的增长效应，或是教育、医疗卫生、社会保障等社会发展某方面影响的实证研究为主；而以社会发展整体指标的研究也多停留在全国整体分析层面，较少对省级层面的分析；且暂时尚未有以社会发展整体指标为相关变量研究转移支付对社会发展整体性影响的文章。

三、研究方法及主要内容

（一）研究路线

针对财政转移支付政策对西部地区经济社会发展究竟影响如何这一问题，拟探讨七个方面的问题：

（1）财政转移支付与区域发展的关系是什么？

（2）我国西部地区经济社会发展现状如何？

（3）我国财政对西部地区的转移支付政策如何？

（4）财政转移支付政策对西部地区经济发展影响如何？

（5）财政转移支付政策对西部社会发展影响如何？

（6）财政转移支付政策对西部地区经济社会发展差距的影响如何？

（7）进一步优化财政对西部地区转移支付政策的对策建议如何？

根据要研究的基本问题，本书的基本思路是：首先，梳理财政转移支付与区域发展的关系，明确落后的西部地区的发展是需要中央政府财政转移支付的特别支持，而且实现区域间的均衡发展也是财政转移支付政策的主要目标；其次，对我国西部地区的经济社会发展状况、财政收支状况，以及财政对西部地区的转移支付政策进行评价，着重分析财政对西部地区各项转移支付政策的成果及其存在的缺陷；再次，西部大开发以来财政转移支付政策对西部地区经济、社会发展水平，以及经济、社会发展差距的影响进行实证分析；并在此基础上，寻求进一步优化财政对西部地区转移支付政策的对策建议。

（二）研究方法

本书在探讨财政转移支付与区域发展理论的基础上，综合运用比较分析、统计分析、计量研究等方法，较为全面地分析了我国西部地区经济社会发展水平及财政收支状况，并就财政转移支付对西部地区经济和社会发展的影响进行了实证分析。本书以经济发展和人类发展指数为研究对象，不仅从经济方面，还从人类发展水平方面较为深入地分析了中央财政转移支付政策对西部地区经济和社会发展的影响。在具体的研究方法上，采用规范研究、实证研究、比较研究、计量研究、多元统计分析等基本研究方法。

1. 规范研究方法。

规范研究偏重于理论探索，它以一定的价值判断为基础，主要解决"应该怎样"的问题。它通过对研究对象的评价，指出这些理论的合理性与局限性，以及前人留下的研究空间。

2. 实证研究方法。

实证研究偏重于实践检验，它回答"是什么"的问题，主要研究客观存在的因果关系。本书借鉴评价社会发展的各项指标，分析财政转移支付对我国西部地区经济社会发展的影响。

3. 比较研究方法。

比较研究法是最常用的对策研究方法，通过是静态和动态的比较，从而全面了解事物的现状和变动趋势。本书将对我国经济社会发展各指标及财政转移支付制度、支出等进行横向和纵向的比较分析，以更加清楚地剖析我国经济社会发展的区域性，及财政转移支付对我国西部地区经济社会发展的影响。

4. 计量研究方法。

计量研究法是现在最为常用的经济学数量分析方法，指通过对研究对象的规模、速度、范围、程度等数量关系的分析研究，认识和揭示事物间的相互关系、变化规律和发展趋势，借以达到对事物的正确解释和预测的一种研究方法。本书将运用截面数据、时间序列数据及综合面板数据就财政转移支付对我国西部地区经济社会发展的影响进行分析。

5. 多元统计分析法。

多元统计分析法是从经典统计学中发展起来的一个分支，是一种当总体的分布是多维（多元）概率分布时，处理该总体的数理统计理论综合分析方法。它能够在多个对象和多个指标互相关联的情况下分析它们的统计规律。本书将运用多元线性回归、主成分分析聚类分析等多元统计分析方法，分析我国西部地区经济社会发展水平，以及财政转移支付对我国西部地区经济社会发展的影响程度及其重要性。

（三）主要内容

本书在探讨区域发展理论与财政转移支付政策的基础上，分析我国西部地区经济社会发展概况及财政收支状况，梳理财政对我国西部地区的转移支付政策。借助人均 GDP 及人类发展指数，分析财政转移支付政策对西部地区经济社会发展的影响，对优化财政对西部地区转移支付政策提出相应对策建议。

本书主要研究内容具体如下：

第一章，财政转移支付与区域发展的关系。本章第一节对财政转移支付进行了理论梳理，在界定了政府间转移支付的含义的基础上阐述了财政分权与政府间转移支付的关系，分析了财政转移支付的政策效应。本章第二节对不同区域发展理论进行了梳理，阐述了区域发展的自然均衡论、平衡发展理论、非均衡发展理论及政府干预理论。本章第三节分析了财政转移政府对区域发展的作用空间，财政转移支付政策有效弥补区域财政失衡，财政转移支付政策有效矫正区域发展外部性，财政转移支付政策有助于实现国家区域发展政策目标。本章对区域发展与财政转移支付政策理论的梳理，为下文分析财政转移支付对区域发展的影响奠定了相应的理论分析基础。

第二章，西部地区经济社会发展现状。本章第一节从地理及生态环境、自然资源、边疆及少数民族聚居、战略地位四个方面介绍了我国西部地区的特征。我国西部地区幅员辽阔、地理生态环境复杂、自然资源丰富、边境线绵长、少数民族人口众多，不仅形成了独特的自然和人文特色，也在我国经济发展社会安定中占据重要的战略地位。第二节从经济总量、产业结构、固定资产投资、对外贸易、教育、公共卫生及人民生活水平等方面分析了西部大开发后西部地区经济社会的发展。西部大开发后，西部地区的经济和社会发展水平大幅提高，经济总量大幅增长，产业结构不断优化，固定资产投资、对外贸易及主要产业产值不断增长，教育、公共卫生和人民收入水平也不断提升。但除了公共卫生机构数外，西部地区无论是经济总量、产业结构、固定资产投资、对外贸易，还是教育和人民收入水平在全国所占的份额仍相对有限，与全国平均水平仍有差距，西部地区仍是我国经济和社会发展较为落后的地区。第三节对西部地区的财政收支水平进行了分析。2001～2012年西部地区财政收入不断增长，且财政支出规模不断扩大，但财政收支增长却存在非同步性。

第三章，西部地区财政转移支付政策及其评价。本章第一节对我国财政转移支付政策的变迁进行了梳理。由改革开放前高度集中财政管理体制下的财政转移支付制度，到分税制前"分级包干"财政管理体制下的财政转移支付制度，再到现行分税制财政体制下的财政转移支付制度。第二节较为详细的梳理了分税制改革后财政对西部地区的各项转移支付政策。中央对西部地区的财政转移支付虽然有效提升了西部地区的可支配财力，但也带来了西部地区对中央财政转移支付依存度的不断提高。第三节则在第二节分析的基础上指出中央对西部地区财政转移支付政策存在的问题。现行西部地区转移支付政策存在政策目标自相矛盾；转移支付种类名目繁杂，地方自主性小；转移支付项目缺乏科学性与规范性，易滋生腐败；转移支付制度使用缺乏相应的监督考核机制，资金效率低；转移支付资金纵向依赖性高，基层财政困难；转移支付导致落后地方政府间的恶性竞争等一系列问题。

第四章，财政转移支付对西部地区经济增长的影响。本章借助人均真实GDP、人均真实第一、第二、第三产业增加值，人均真实财政转移支付额等指标，采用面板数据模型，对财政转移支付对经济发展的影响进行了实证分析。实证分析结果显示，2001～2012年我国及西部地区人均财政转移支付与人均GDP呈正相关，人均转移支付额的增长推动了我国人均GDP的增长，财政转移支付对经济发展起到了积极的推动作用。但财政转移支付资金的增加对我国经济增长的推动作用，尤其是对西部落后地区经济增长的推动作用却十分有限。

第五章，财政转移支付对西部社会发展的影响。本章基于联合国开发计划署 2010 年版《人类发展报告》测算方法，对我国 31 省市的人类发展指数进行测算，并借助人类发展指数和人均真实财政转移支付额，采用面板数据模型，对财政转移支付对人类发展水平的影响进行了实证分析。实证了分析结果显示，2001～2012 年人均转移支付额的增长推动了我国人类发展指数的增长，且与经济发展相比，财政转移支付资金的增加对我国人类发展的推动作用显著高于其对经济增长的推动作用，尤其是对西部落后地区人类发展的推动作用。

第六章，财政转移支付政策对西部地区区域发展差距的影响。本章在第四章和第五章分析结果的基础上，借助 β 收敛，采用面板数据模型，对财政转移支付对经济发展和人类发展水平地区间差距的影响进行了实证分析。实证分析结果显示，2001～2012 年就经济发展差距来看，引入财政转移支付变量后，我国各地区间的经济增长存在与其相对应的 β 条件收敛，东、西部间经济发展差距缩小；而西部地区内部的经济增长却不存在对财政转移支付的 β 条件收敛，西部各地区间经济发展差距不仅没有收敛，反而进一步发散；而就人类发展水平差距来看，引入财政转移支付变量后，全国尤其是西部地区人类发展水平的收敛速度进一步加快，东、西部地区间及西部地区内部人类发展水平的差距不断缩小。

第七章，西部地区财政转移支付政策的优化。根据前文的分析我们对优化财政对西部地区转移支付政策提出如下对策建议：应在公平、效率、规范透明及稳定为主、适度灵活原则的指导下，进一步优化西部地区转移支付政策，在持续加大对西部地区财政转移支付力度的基础上，对西部地区转移支付应重点向基本公共服务领域倾斜，适度限制西部地区转移支付对经济领域的投入，建立宽口径的西部地区转移支付分配方式，并进一步加强地方税体系和转移支付资金管理等配套措施的改革，增强西部地区财政自身的"造血"功能，提高转移支付资金使用效率。

四、可能的创新与不足

（一）可能的创新

（1）我国国内对转移支付的现有研究仍然以经验借鉴、制度改革、均等效应，以及经济增长效应，或是转移支付对经济社会某方面的影响为主，而对财政转移支付对西部地区经济社会发展整体的影响，特别是社会综合发展影响的研究较少。本书借助人均 GDP 和人类发展指数，较为全面地对财政转移支付对西部地区经济社会发展的影响进行了实证分析和比较，为我国制定西部地区转移支付政策提供了可靠的实证分析结果。

（2）在 2010 年版《人类发展报告》测算方法的基础上，对 2001 ~ 2012 年我国 31 省市的省级人类发展指数进行了测算，为评价西部地区人类发展水平，以及研究转移支付对西部地区社会发展的影响提供了基础研究数据。

此外，本书还借助经济社会发展统计指标体系中的相关指标，较为全面、系统地分析了西部大开发以后我国西部地区经济社会发展的状况。并借助依存度指标，对西部地区财政对中央财政转移支付的依赖程度进行了度量和分析。

（二）不足之处

（1）人类发展指数作为应用最为广泛的社会发展评价指数，为分析提供了一种有效的工具，但也存在其内在的局限性。人类发展指数虽然除了经济发展指数外，还引入了健康和教育指数，比单一的经济发展指标更为全面。但社会本身具有复杂的、多维度的性质，也决定了人类发展指数无法代表社会发展的全貌。

（2）由于受财政转移支付结构性数据缺失的影响，本书财政转移支付的分析仅使用了总量数据，而未能进行结构分析，因而无法评判各项转移支付对西部地区经济社会发展的影响程度，也就无法就转移支付结构的调整提出相应的政策建议。

　　此外，由于我国相关统计数据的准确度和统计信息的缺失，也可能导致实证分析不够准确，进而可能会削弱计量分析结果的说服力，且书文中统计分析所使用的数据资料都来源于我国官方统计资料，限于我国统计现状，统计分析结果的准确性可能会受到影响。

第一章　财政转移支付与区域发展的关系

第一节　财政转移支付

除小型联邦制国家外，世界上绝大多数国家的政府都不止一个层级。与其相对应的，国家财政也存在着多级财政，而财政转移支付几乎占据了政府间财政关系的全部内容（Shah，2006）[①]。在联邦制国家中，政府间财政转移支付制度是处理各级政府财政关系的普遍选择。

一、政府间财政转移支付的含义

早期庇古（1928）在《财政学研究》中，将财政资金分为消费经费和转移经费，转移经费通过国内购买来调节分配关系，是一种间接地对国民经济的再分配。随着各国政府间转移支付制度的不断完善和发展，政府间在转移支付制度实践上的巨大差异，使得对转移支付的理解不尽相同，因此对转移支付的界定也就没有形成普遍认可的定义。联合国《1990年国民账户制度修订案》则将转移支付解释为："是指货币资金、商品、服务或金融资产的所有权由一方向另一方的无偿转移。转移的对象可以是现金，也可以是实物。"国际货币基金组织编定的《政府财政统计手册》（1993）

[①]　Shah，Anwar.，Boadway，Robin.，Intergovernmental Fiscal Transfers，Washington D. C.：World Bank，2006，P1.

认为政府转移支付不仅包含国家内部的转移支付，还应包括国际间的转移支付。《现代经济词典（2005）》将转移支付解释为："是指政府或企业的一种不以取得商品和劳务作为补偿的支出"。

政府间财政转移支付从狭义上讲，一般特指相邻两级政府，上级对下级无偿的财力补助；广义上的政府间财政转移支付，指一国内各级政府在既定财权事权框架下，划分财政收入，进行财政资金的相互转移（刘小明，2001）。实践中，狭义的财政转移支付，即财政资金从上一级政府流向下一级政府是最常见的财政转移支付形式。广义上的财政转移支付既包括上级对下级的转移支付，又包括下级对上级财政上解的转移支付（钟晓敏，1998）。政府间财政转移支付按照是否有约束，可分为无条件拨款和有条件拨款（马骏，1998）；以资金拨付可分为一般性转移支付、专项转移支付和有条件转移支付（何振一，2003）；以中央政府补助的目的可划分为定额配套补助、综合补助和地方专项补助（吴俊培，2003）。

理论上，政府间财政转移支付的主要目的是实现公共服务均等化，弥补地方财政缺口，防止无效率的移民，补偿福利的外溢性以及实现中央政府宏观调控目标（Shah，2006）。根据转移支付的主动性可将其作用归结为积极的和被动的（Boadway，2006）。由于不论下级政府何时出现纵向财政缺口，都需要转移支付来平衡联邦与州之间的预算，是一种被动的职能。而为了消除财政能力和净财政收益差异引起的无效率迁徙和实现公平，在传统联邦体制下一般选择一套可行的转移支付制度，以积极实现均等化目标，维护公共服务的国家标准和区域间财政政策协调的经济作用。

对于发展中国家而言，政府间转移支付的目标除纠正或调整政府间纵向和横向财政失衡，促进具有正外部性的地方性公共物品的供给，加强公共财政系统的管理外，财政转移支付还有限制地方政府的权力，维持地方与中央的一致性，防止地方腐败，转嫁中央财政赤字的目的（Bahl，2000）。蒙丽珍（1997）指出，我国政府间财政转移支付的终极目标是实现社会公平，而直接目标则是实现财政能力的均等化。马海涛（2004）从公平与效率的关系出发，将政府间转移支付的目标概括为：实现各级政府财政能力和公共服务水平均等化的直接目标；实现各地区之间经济相对均衡发展的基本目标；以及实现社会公平的终极目标三个层次。

二、财政分权与政府间转移支付

从世界范围看，财政转移支付政策最早起源于英美。英国 1835 年实行的专项补助，被认为是现代财政转移支付制度的起源。早在 19 世纪初，美国就存在联邦政府为支持州和地方政府发展的财政转移支付政策。初期为支持州和地方政府的交通与教育的发展，联邦政府将其拥有的公共土地分配到各州。之后联邦政府又采取对州和地方政府的土地开发进行补贴，以刺激土地的开发和充分有效利用，以及将联邦政府的预算盈余用于补贴州和地方政府财力两项财政政策，初步形成了调剂联邦政府和州政府间财力的财政转移支付制度的雏形。

19 世纪，美国联邦和州政府间的财政转移支付无论是在联邦政府还是在州政府的财政支出中所占的比重都十分微小，转移支付政策发展的进程十分缓慢。与此同时，世界各国政府间的财政转移支付政策也都基本处于萌芽阶段，都未能形成相应的规模。而进入 20 世纪，尤其是 20 世纪 30 年代经济大萧条后，凯恩斯主义政府干预理论成为经济发展的主流，世界范围内为摆脱经济萧条，开始实施各项国家宏观调控政策，财政转移支付政策就成了中央政府干预地方政府行为的重要政策手段。

而 20 世纪 50 年代，以 Tiebout 和 Oates 等为代表的第一代财政分权理论对地方政府在公共品供给中作用的理论分析，更为财政转移支付政策实施和发展奠定了理论基础。以 Tiebout 和 Oates 等为代表的第一代财政分权理论认为，地方政府在公共品的供给方面拥有比较优势，向下级政府分权提高了公共产品供给的效率。假定居民可以完全不受限制的自由流动，并可充分获得各辖区内公共服务和税收的完全信息，且公共物品在各辖区间不存在外溢性，地方政府根据其居民偏好可以在税率和公共产品之间形成不同的组合，居民将以"用脚投票"的方式确定自己所愿意居住的地区。

居民不断"用脚投票"使得拥有相同偏好的居民聚集到同一地区，不仅公共产品的供给成本最低，社会福利也实现最大化。地方政府通过调整税率和公共产品供给策略，实现地区内居民偏好和政府公共产品供给间的匹配，提高了公共产品供给的效率。如果社会中的信息是完全可获得的，经济活动也是完全确定的，那么中央或是地方政府对公共物品的提供将是无差别的。但现实往往难以满足这些假设，地方政府具有某种"非完美性"。但与中央政府相比，地方政府更接近其辖区内的居民，更了解居民对公共产品的需求偏好，而中央政府对全体公众的偏好则无法完全了解，在提供公共物品的过程中就会发生"偏好误差"。如果对某种公共产品的消费遍及各地区的全部居民，且中央与地方政府对这种公共产品的供给成本相同，由地方政府根据区域内的人口规模，将一个帕累托有效的公共产品量提供给辖区居民比中央政府对每个地区等量地提供公共品效率更高，更易实现配置最优。由于公共产品的受益范围不同，进行适当的财政分权，合理划分中央与地方间公共产品供给范围不仅是合理的也是必要的。

　　一方面，从财政支出效率的角度分析，考虑到"偏好误差"、信息的不对称和地方政府的优势等因素，将部分支出责任下放给地方政府，将使公共品的供给更有效。但这并非否定中央政府存在的合理性，对于分权带来了区域间分配不平等及地方政府间的竞争与摩擦，中央政府的调节是不可或缺的。具有区域外溢性的公共产品，由于地方政府供给存在成本和收益的不对称，因而供给积极性低，所以区域外溢性的公共产品由中央政府提供更有利于满足居民对这类公共产品的需求。因此，不同类型的公共品应由不同级次的政府来提供，以便充分发挥各级政府在选择偏好上的比较优势。另一方面，从财政收入效率的角度分析，流动性强或是具有分配功能的税种，由中央政府来征收更利于实现税收的公平。而对于信息不完善、不对称的税种，则需要由更低一级的政府来征收才能有效降低征税成本。若考虑税收的公平性，财政收入的绝大部分将被中央政府占据，而若考虑到财政支出效率，大部分的支出责任又归属地方政府，这种纵向的财政收入与支出间的不平衡使得中央政府要将其结构剩余转移给地方政府，以弥补地方收支结构性赤字。为实现效率与公平，财政收入权限与支出责任在中央与地方政府间划分必然是不平等的，这就决定了在现代财政分权体制下，财政转移支付政策必将是其非常重要的组成部分。财政转移支付政策是对分权的必要补充，是在财权上收、事权下放给地方政府的同时，保证国家整体目标实现的有效工具。政府间财政转移支付被认为是在发挥财政分权优势的同时，避免不利影响的强有力的工具。

进入 20 世纪，随着各国财政分权改革的进行，财政转移支付政策也日益成为多级财政级次政府中处理各级政府间财政关系的最主要政策手段，在政府财政支出中所占的比重也大幅提升。当代，西方发达国家形成了以财政均等化为主要特色的加拿大和澳大利亚财政转移支付制度，以补助金为主的美国财政转移支付制度，以"纵横均衡"尤其是横向均衡为特色的德国财政转移支付制度，以地方交付税为特色的日本财政转移支付制度等较为完善的财政转移支付制度。我国也以 1994 年的分税制改革为开端，经过过渡时期转移支付办法的过渡，现已形成了一套自上而下，从中央到地方，较为完备的纵向财政转移支付制度。

三、财政转移支付政策效应

转移支付是政府间财政收入再分配的一种手段，其目的是实现效用的最大化。政府间财政转移支付既具有消除纵向与横向非均衡、实现中央政策目标、调动地方政府的积极性及稳定经济运行积极的正效应，也具有消极的负效应。中央政府给予地方政府的转移支付会使地方政府因地方竞争与保护，降低财政努力程度转而争夺中央政府的补助。中央的补助也降低了地方政府公共产品供给的成本，而财政支出利益却为其享受，刺激了地方政府公共产品的供给，造成地方政府预算和政府规模的扩张（收入效应）。地方财政收入的增长与政府规模扩张的不匹配，必然造成地方政府越发依赖中央政府的转移支付，而丧失地方发展的积极性与自主性。尤其是有条件的转移支付，由于存在特定的使用条件，促使地方政府在某一公共产品和劳务支出不断增加（替代效应），在财力既定的条件下，必然造成其他公共产品和劳务支出的减少，造成地方事业发展畸形。

因此，应充分认识不同类型的转移支付的不同效应，选择适合的转移支付形式，以实现效用的最大化。财政理论中，常以预算约束线（budget constraint，一般以曲线 B 来表示）与无差异曲线（indifference curve，一般以曲线 I 来表示）来分析各类政府间转移支付对公共产品及私人产品供给产生的效应。

（一）一般转移支付

一般转移支付又称为无条件转移支付，是中央政府对地方政府提供的一种没有规定具体用途，不附加特殊条件的一般预算支持，目的是维护地方自主权及实现地区间公平。这类转移支付资金的划拨，以不影响地方政府在其辖区内实施相关政策措施的自主权为前提，地方政府可根据实际情况自由安排使用。一般包括地方与中央的收入分享，以及实现区域间公平的均衡补助组成。

如图 1-1，以横轴表示地方公共产品的数量，纵轴表示私人产品的数量，B 为地方政府的预算约束线，代表各种私人产品与公共产品的供给组合，I 为显示消费偏好的无差异曲线。假定偏好既定，转移支付前，为实

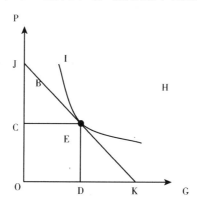

图 1-1 地方政府供给决策

现利益最大化，地方政府公共产品的供给决策将为预算约束线与无差异曲线的切点 E，公共产品及私人产品的数量分别为 OD 和 OC。人们为获得公共产品 OD，就必须放弃 CJ 的私人产品，课以 CJ 税收，作为提供公共产品的代价，居民承担的税率就为 CJ/OJ。

由于一般性转移支付可用于任意公共产品支出，或是用于降低居民税负，因而其对价格不会造成影响，即只有收入效应而没有替代效应。中央基于地方的一般转移支付相当于增加了受补助地区的绝对财力，即图 1-2 中一般转移支付后，地方政府的预算约束线由原来的 B_1 向右上方平移提高到 B_2。新的预算约束线与无差异曲线 I_2 相切于 E_2，平衡点由 E_1 移动到 E_2，地方公共产品的供给由 OD 增加到 OH，比转移支付前增加了 DH 个单位。私人产品的消费也由 OC 增加到 OF，一般转移支付并未全部进入公共产品的增加，而是有一部分"漏入"了私人产品，私人产品的消费增加了 CF 个单位。同时，居民承担的税率由 CJ/OJ 降低到 FJ/OJ，税收降低了 CF 个单位。

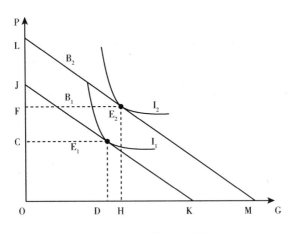

图 1-2　一般转移支付效应

一般转移支付在刺激地方政府增加公共产品的同时，也减轻了当地居民的税收负担，使居民有剩余的资金用于私人产品的消费，增加了私人产品的消费。因此，其社会总体效应为正的。

（二）专项转移支付

专项转移支付又称为有条件转移支付，是中央政府对地方政府提供的一种用于特定目的或特定活动、事项的转移支付资金。有条件转移支付通常带有较强的目的性和干预性，其限定条件既要促进中央政府政策、目标的实现，又要保证地方政府拥有相应的自主权。专项转移支付按照是否要求地方政府提供配套资金，可分为非配套的专项转移支付与配套的专项转移支付，按照配套资金的限额，又可将专项配套转移支付划分为非限额配套专项转移支付与限额配套专项转移支付。

1. 非配套专项转移支付。

非配套专项转移支付，是中央政府为地方政府提供的一种以不要求地方提供相应的配套资金为条件的，用于某一特定目的的一定额度的资金。这类转移支付虽然增加了地方财力，但中央政府对其使用范围一般有明确的规定，不能用于其他开支。

假设专项转移支付规定用于提供指定公共产品 G_X，其余的公共产品为 G_Y。则接受非配套专项转移支付后，如图 1 - 3，地方政府获得了用于购买 JP 单位的 G_X 的资金，预算约束线由原来的 B_1 横向平移了 JP 个单位。尽管预算约束线向右移动，但由于其他公共产品 G_Y 未能受到补助，其数量并不

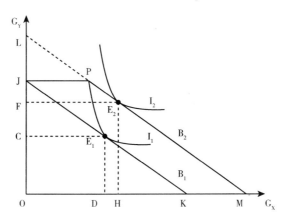

图 1 - 3　非配套专项转移支付效应

会增加，因此得到了一条新的拐折的预算约束线 B_2（JPM）。新的预算约束线与无差异曲线相切与 E_2 点，补助公共产品 G_x 的数量由 OD 提高到 OH，但 G_x 提高的数量 DH 要小于补助额 JP。地方政府将获得的全部补助 JP 用于 G_x 的同时，会减少了自身对 G_x 的支出，在预算约束既定的前提下，地方政府将对特定公共产品减少的投入用于其余公共产品，产出量由 OC 提高到 OF。

非配套专项转移支付效应表明，中央政府的非配套专项转移支付在转化为特定公共产品时，会造成地方政府相应支出的一部分因补助而"漏入"其他公共产品，使得公共产品的总体供给数量增加。

2. 非限额配套专项转移支付。

非限额配套专项转移支付不仅要求地方政府按照特定的目的使用资金，还要求地方政府提供一定比例的配套资金，分担相应成本，且这种转移支付资金没有上限的限制，若地方政府能够无限提供相应的配套资金，那么中央政府也将无限补助下去。

如图 1 - 4，若中央政府对某个公共产品 G_x 提供一比一的非限额配套专项转移支付，那么地方政府每支出 1 元在 G_x 上，将获得 2 元的 G_x，另 1 元来自中央政府。其预算约束线由原来的 B_1 向右旋转到 B_2，并与无差异曲线相切于 E_2 点，G_x 的产出量增加 FH 个单位。

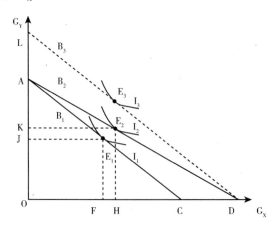

图 1 - 4　非限额配套专项转移支付效应

非限额配套专项转移支付既有收入效应，又存在替代效应。一方面，非限额配套专项转移支付增加了地方的财力，可使当地居民能够获得更多的 G_X，具有收入效应；另一方面，该项转移支付也降低了 G_X 的相对价格，其他公共产品的价格将相对提高，在一定的预算约束下，由于替代效应的存在，居民将选择更多的 G_X。与一般转移支付与非配套转移支付（B_3 与 I_3 的切点 E_3）不同的是，非限额配套专项转移支付对其他公共产品 G_Y 的数量的影响取决于转移支付带来的收入效应与替代效应的大小。如果收入效应足够大，非限额配套专项转移支付使 G_X 增加的数量小于总的补助额，剩余的补助金会用于 G_Y，使得 G_Y 数量增加。反之，如果替代效应超出了收入效应，则将造成其他公共产品 G_Y 数量的减少。

非限额配套专项转移支付有利于纠正在公共产品提供上出现的区域外溢性所产生的无效率和低效率问题。当一地区的地方政府提供的公共产品会使其他地区的居民受益，而成本却全部由该地区承担时，就产生了地区利益外溢。外溢性的存在会降低地方政府提供相应公共产品的积极性，造成该类公共产品提供不足。由中央政府对具有外溢性的公共产品提供一定比例的补助，能很好地解决外溢性带来的无效率，而补助的比例则取决于外溢的程度。

但非限额配套专项转移支付却无法解决地区间财政能力不平衡的问题。由于中央政府会根据地方提供的配套资金的多少来按比例确定补助的金额，就使得财力充裕的地方因能够提供更多的配套资金而获得更多的补助，而财力贫乏的地方由于能够提供的配套资金有限或无法提供，将难以获得中央补助资金，或仅能获得少量补助。这进一步拉大了富裕与贫困地区的差距，打击了贫困地区提供公共产品的积极性。

3. 限额配套专项转移支付。

限额配套专项转移支付与非限额配套专项转移支付所不同的是，中央政府预先规定了一个最高的补助限额，当中央政府按照相应比例根据地方政府提供的配套资金提供补助时，一旦超出了这个预先规定的最高限额，即便地方继续提供配套资金，中央政府也不再给予转移支付。

由于存在支出限制，中央政府的最高补助金额将不超过 CD，特定公

共产品 G_X 超出 OH 的部分将无法获得中央政府的补助，因此经过 F 点后预算约束线的斜率将恢复到原预算约束线 B_1 的斜率。地方政府获得限额配套专项转移支付后的预算约束线如图 1-5 所示，由 B_1 移动为拐折的 B_2（AFD）。限额配套专项转移支付效应可分为两部分，一部分为非限额配套专项转移支付效应，另一部分为一般转移支付效应。地方政府在接受限额配套专项转移支付后，若指定公共产品 G_X 的数量小于 OH，则限额配套专项转移支付的效应相当于非限额配套专项转移支付产生的效应；若指定公共产品 G_X 的数量大于 OH，则限额配套专项转移支付的效应相当于一般转移支付产生的效应。

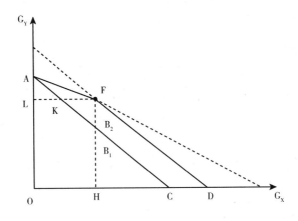

图 1-5　限额配套专项转移支付效应

限额配套专项转移支付在解决公共产品提供的无效率方面似乎作用并不大，但其仍为世界上许多国家所采用，其原因在于，转移支付的条件性能保证地方政府一定比例的资金用于中央政府认为的最需要支出的领域，实现中央宏观调控的目标。

第二节　区域发展

经济发展的区域差异是普遍存在的客观事实。20 世纪中期开始，探究区域经济发展的原因，成为经济学界研究的热点问题。区域经济学家在将传统经济学理论与区位理论紧密结合的基础上，形成了区域经济发展理论、区域分工理论、区域布局理论等理论分析框架。随着不同经济实力地区，尤其是发展中国家及经济落后地区发展经济诉求的日益强烈，区域经济发展理论成为区域经济理论中最受关注的领域。区域经济发展理论属于区域经济学与发展经济学的交叉学科，其不仅关注区域经济的增长，同时也关注区域经济的发展战略。随着区域经济发展理论研究的不断深入，形成了自然均衡理论、均衡发展理论及非均衡发展理论等一系列理论，为经济欠发达国家和地区制定相应的区域发展战略奠定了坚实的理论基础。

一、自然均衡

20 世纪 30 年代的大危机发生前，新古典经济学家们相信只有市场机制才是最有利于经济发展的机制，在完全市场竞争机制下，社会资源配置将达到帕累托最优。新古典经济学派认为市场机制下，通过价格机制和供求机制，资源配置将自动达到均衡。在完全市场竞争条件下，虽然各区域的初始要素禀赋和经济发展水平存在差异，但由于生产要素可完全自由流动，边际效用递减，区域规模报酬不变，生产要素将在不同区域间流动，而生产要素长期流动的结果将实现各要素收益平均化，即各区域间自然实现均衡发展。而区域经济发展差异是经济发展初期，市场机制不完善而导致均衡机制未能完全发挥作用的结果。

（一）经济增长的收敛理论

早在 20 世纪初期，Veblen（1915）在对德国工业革命和英国工业革命的比较分析中就发现，虽然德国工业革命的出现要晚于英国，但其波及范围和发展的速度远超过英国，从而导致工业革命后来者德国的经济增长速度比先行者英国更快。根据 Solow（1956）和 Swan（1956）开拓性工作，在新古典经济理论中边际报酬递减和规模报酬不变的理论前提下，推导出了"经济增长收敛假说"。为考察经济增长是否具有收敛性，学者们提出了 σ 收敛、β 收敛、俱乐部收敛、γ 收敛等不同的经济收敛方法。尤其是 Barro（1991）和 Galor（1996）提出的经济增长在其区域范围内趋于稳态"俱乐部收敛"，使得收敛性被各国学者广泛应用于研究地区间经济社会发展间的差距。

σ 收敛，是以标准差来衡量的不同地区的经济体间的经济差距是否随着时间的推移而不断缩小。若随着经济的发展，不同经济体间经济发展的标准差不断缩小，即 $\sigma_t < \sigma_0$，σ_0 为衡量观测初期经济发展差距的标准差，σ_t 为衡量观测末期经济发展差距的标准差，t 为观测期，则认为不同地区的经济体间存在 σ 收敛。除标准差外，变异系数、加权变异系数、基尼系数、泰尔指数等也常作为判断地区间是否存在 σ 收敛的指标。

绝对 β 收敛，Solow-Swan（1956）模型假定两个地区的人口增长率、储蓄率、技术进步率和折旧率都相同，那么在经过一定长的时期后，这两个地区的经济发展会达到相同的稳态的水平，这也被以后的研究者称为绝对 β 收敛。若地区间经济发展特征相一致，不存在异质性，那么对应的 β 绝对收敛模型为：

$$\frac{1}{t}\left[\ln\frac{y_{i,t}}{y_{i,0}}\right] = \alpha + \beta\ln y_{i,0} + \varepsilon_{i,t} \qquad (1.1)$$

式（1.1）中，i 代表地区；t 为观察期的时间跨度；$y_{i,0}$ 和 $y_{i,t}$ 分别代表初期与末期的经济发展水平；被解释变量 $\ln\frac{y_{i,t}}{y_{i,0}}$ 表示观测期内 i 地区的经济增长率；β 为收敛系数；$\beta = -(1 - e^{-\theta t})/t$，$\theta$ 为收敛速度。如果 β 的值小于 0，则表示地区经济增长速度与其初期经济发展水平成反比，地区间经济增长趋于收敛；如果 β 的值大于 0，表示地区经济增长速度与其初期经济发展水平成正比，地区间经济增长趋于发散。

但随着学者们对经济增长收敛性研究的不断深入发现，不同地区经济增长不仅取决于其初期经济发展的水平，还受到资源、技术、投资、人口增长等其他因素的影响，而这些影响因素在不同地区经济体间并非是同质的。条件 β 收敛在绝对 β 收敛的基础上，将各经济体之间的异质性引入绝对 β 收敛中。若地区间经济发展特征不一致，经济增长的影响因素存在异质性的外生变量，则应建立 β 条件收敛模型：

$$\frac{1}{t}\left[\ln\frac{y_{i,t}}{y_{i,0}}\right] = \alpha + \beta\ln y_{i,0} + \sum \gamma_k X_{i,0} + \varepsilon_{i,t} \qquad (1.2)$$

式（1.2）中，X 为影响收敛的其他外生变量；$X_{i,0}$ 为 i 地区外生变量的期初值；γ_k 为第 k 个外生变量的回归系数。在加入了外生变量影响变量后，收敛系数 β 是否仍与经济增长率成负相关，若仍为负相关则地区间经济增长在外生条件 X 下趋于收敛；反之则地区间经济增长在外生条件 X 下趋于发散。

而以 β 收敛来考察区域收敛性则为"俱乐部收敛"，俱乐部收敛可以看作是一定区域的、局部的 β 收敛。

对地区差距的研究不仅要重视绝对差距和相对差距的程度与变化趋势，而且还要注意不同地区对总体经济绝对差距和相对差距变化的贡献程度。收敛性，尤其是 β 收敛与变异系数、基尼系数、泰尔指数等不同的是，收敛性不仅侧重于对经济发展差异现象的描述，而且通过不同地区发展初期水平与其增长率间的关系，以及各地区间的异质性条件，揭示发展趋于稳态，即发展差距缩小的内在原因。因此，下面将采用收敛性对我国西部地区间的经济社会发展的均衡性进行研究。

（二）新古典区域经济增长模型

新古典区域增长模型，是以 Solow-Swan 新古典经济增长模型为基础发展而来的。早期的新古典区域增长模型假定：经济主体都是完全的"经济人"；生产要素可完全自由流动，且不存在运输费用；信息完全且可获得；区域间完全均质不存在差异；生产要素的规模报酬不变；技术进步条件不变。区域的经济增长取决于资本、劳动力和技术进步三要素。完全竞争市场条件下，资本和劳动将产生逆向的运动，即资本由工资高的区域流向低的区域，而劳动力则由工资低的区域流向高的区域。这种流动的结果将使得区域间的发展差异随着资本和劳动要素的流动不断缩小，区域经济增长不断趋于均衡。

但早期的新古典区域增长模型，仅单纯从供给的角度解释区域经济增长的动因及差异。随着现代经济增长理论的发展，早期新古典区域增长模型由于忽视了需求、规模报酬递增、聚集效应等客观因素而受到批判和质疑。新古典区域增长经济学家对其增长模型进行了不断的改进，其中最具代表性的是 H. W. Richardson（1973）的区域经济增长模型。

Richardson 的区域经济增长理论模型，将空间结构融入新古典区域增长理论，提出了一个空间维度的区域经济增长理论模型。其生产函数表达式为：

$$Y = [ak + (1-a)l]^\alpha + t \tag{1.3}$$

其中，α 为规模报酬；当 $\alpha > 1$ 时，该函数的规模报酬递增；当 $\alpha < 1$ 时，该函数的规模报酬递减；当 $\alpha = 1$ 时，该函数的规模报酬不变。

资本增长率 k 由式（1.4）决定。

$$k = b_1 A + b_2 y - b_3 K - b_4 CV_z + b_5 (R - \overline{R}) \tag{1.4}$$

其中，A 为聚集经济；y 为区域经济增长率；K 为区域资本存量；CV_z 为该区域 Z 个城市中心每单位面积资本存量的相关系数；R 为该区域的资本报酬率；$\overline{R}$ 为全国资本报酬率。

而劳动增长率 l 函数则为：

$$l = b_6 n + b_7 A + b_8 F + b_9 (W - \overline{W}) \tag{1.5}$$

其中，n 为人口自然增长率；A 为聚集经济；F 为区位偏好；W 为该区域工资率；$\overline{W}$ 为全国工资率。

区位偏好又取决于聚集经济、主导城市人口潜力和工资率差异等因素。

$$F = b_{10} A - b_{11} \frac{1}{V_{N1}} + b_{12} H + b_{13} (W - \overline{W}) + b_{14} TC \tag{1.6}$$

其中，A 为聚集经济，为该区主导城市人口潜力的；H 为居住在该区域的平均时间，为工资差异率；TC 为人口迁徙成本。

技术进步函数则为：

$$t = b_{15}A + b_{16}k + b_{17}G_{N1} + b_{18}q\,\bar{t} \qquad (1.7)$$

其中，G_{N1} 为该区域位居第一的城市在全国城市中的排名；q 为该区域与其他区域的相关程度；$\bar{t}$ 为全国技术进步率。

Richardson 的区域经济增长理论模型内，通过聚集经济及各种聚集变数，决定了劳动力、资本和技术进步的空间结构，而地区间的差异变数与资本存量的变化，促使各区域间实现平衡发展。

二、平衡发展

区域平衡发展理论以 Rosenstein-Rodan 的"大推进"理论和 Nurkse "贫困的恶性循环"和"平衡增长理论"最具代表性。区域平衡发展理论剖析了经济发展各产业和各部门间的相依性，以及生产过程中供给和需求的不可分性，主张各产业、各部门间的均衡协调发展。平衡发展理论不仅强调各产业或各部门之间的平衡、同步发展，还主张通过国家计划，全面的、大规模的投资推动落后国家或地区的发展，最后实现不同区域间或区域内部的同步平衡发展，即实现空间上的均衡化。平衡发展理论侧重于缩小地区间发展差距，以促进社会公平。

（一）大推进理论

1943 年，均衡发展理论先驱者 P. N. Rosenstein-Rodan 在他的论文《东欧和东南欧国家的工业化问题》中提出了均衡发展理论最具代表性的理论——"大推进"理论。Rosenstein-Rodan 以 Harrod-Domar 模型式（1.8）为基础，在生产函数、需求与储蓄"三个不可分性"及外部经济效果的理论基础上，指出发展中国家若想改变落后的现状，就必须大力发展工业，才能突破发展的瓶颈。而对区域发展小规模或单一产业的投资，无法实现发展中国家工业化的目标，应以一定的速度，持续、全面、大规模的投资于国内的各产业，才能突破发展中的"瓶颈"，通过投资的"大推进"最终使发展中国家摆脱贫穷落后，实现工业化和现代化。

$$G = S/V \text{ 或 } \Delta Y/Y = s \times \Delta Y/\Delta K \qquad (1.8)$$

其中，G 为经济增长率；S 为资本积累率（储蓄率或投资率）；V 为资本/产出比；Y 为产出；ΔY 为产出变化量；$\Delta Y/Y$ 为经济增长率；s 为储蓄率；ΔK 为资本存量 K 的变化量；$\Delta Y/\Delta K$ 为每增加一个单位的资本可以增加的产出，即资本（投资）的使用效率。

Rosenstein-Rodan 在对区域和各产业部门间相关性分析研究的基础上，认为经济的增长具有"三个不可分性"：

一是生产函数的不可分。"大推进"理论对区域经济增长的分析以 Harrod-Domar 经济增长模型为分析基础。由于假定不存在技术进步、要素间不可替代，经济增长取决于储蓄转化的投资率及资本—产出比。Rosenstein-Rodan 指出，为实现经济的增长，作为生产性投资基础的诸如交通、电力、通信等基础设施供给所需的社会分摊性资本的投入具有不可分性和不可逆性。社会分摊性资本的投资项目，不仅其建成前其他生产性投资难以进入，而且建设周期一般较长，但基础设施项目一旦建成则会成为一地区经济增长的资本存量，具有不能再缩小的最小规模组合的特点，在一地区的经济增长中持续发挥作用。但由于社会性基础设施建设投入的不可分性，以及其投入必须先于生产性投资的不可逆性，就成了发展中国家工业化建设过程中最为常见的"瓶颈"，即在资本形成过程中出现的资本短缺。

二是需求的不可分。商品生产的各产业间不是孤立的，而是基于技术经济紧密联系在一起的产业链。由于社会分工的不断细化，在技术及经济需求的基础上，单个产业部门间通过分工合作，形成相互关联的产业群。在经济欠发达的发展中国家，市场规模有限，产品需求缺乏弹性，单独向某一产业进行投资，将会造成该产业产品受需求弹性的限制而生产过剩，进而造成投资收益受损，不利于资本的积累和经济的增长。各产业间通过相互交换、互相信赖、互为条件形成的相互关联的产业群，使得市场需求呈现出互补性和不可分性。面对需求的不可分，为减低投资风险，提高投资收益，必须同时对各产业进行投资，才能形成充分的需求，共同突破市场瓶颈，实现区域经济增长。

三是储蓄的不可分。由于 Harrod-Domar 模型中的投资全部由储蓄转化而来，因此决定一地区经济增长的投资率就取决于储蓄率及其转化率。发展中国家与发达国家的最大区别就在于人均国民收入的水平十分低，除去维持基本生活的开支，发展中国家的居民能够用于储蓄的收入十分有限，储蓄率较低。若想突破由于储蓄的不充分造成的投资不足的"瓶颈"，就必须使投资产生的收入增长超过一定的限度，使边际储蓄率高于平均储蓄率，才能推动储蓄的大幅提高，从而推动投资的大幅上升，实现地区经济增长的目标。

Rosenstein-Rodan 指出，由于生产函数、需求和储蓄的不可分性，就使得投资于相互联系在一起的互补的各产业之间，不仅可以创造出更多的需求，而且可以通过产业间的分工降低生产成本，增加收入，进而增加储蓄，为生产的再投资提供资金来源。发展中国家的经济发展之所以落后于西方国家，是由于在经济发展的各产业间缺乏一个总体的大推进，如果能在各产业间实现持续、全面、大规模的投资，则可以整体推进落后的发展中国家或地区的经济增长。

（二）平衡增长理论

1953 年，美国经济学家 R. Nurkse 在其《不发达国家的资本形成问题》一书中，详细地阐述了不发达国家和地区之所以贫困，是由于存在着贫困的恶性循环。不发达国家和地区的经济增长中存在着供给和需求的两个"恶性循环"（见图 1－6）。

需求不足的恶性循环是由于收入水平低、投资引诱不足、需求有限造成的。由于发展中国家和欠发达地区居民的收入水平低，就使得可用于消费的资金有限，具有购买力的有效需求不足，有效需求的不足对投资的吸引力也就相应的低下，投资水平的低下又阻碍了生产率的提高，而低水平生产率又限制了人民收入水平的提高。

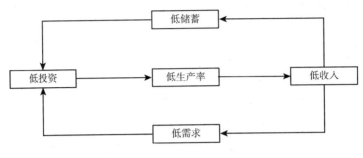

图 1-6 贫困的恶性循环

供给不足的恶性循环是由于收入水平低、储蓄率低和资本匮乏造成的。由于发展中国家和欠发达地区居民的收入水平低，消费的恩格尔系数高，储蓄倾向小，储蓄率低，储蓄的匮乏又造成了可用于投资的资金的不足，投资的不足又阻碍了生产率的提高，生产率的低下又影响收入水平的提高。

不发达国家和地区经济增长其实陷入了：低收入—低需求—低投资—低生产率—低收入；以及低收入—低储蓄—低投资—低生产率—低收入；周而复始的低水平恶性循环。Nurkse 也因此得出了其对不发达国家的著名命题："一国之所以穷是因为他穷"。

为解决不发达国家和地区"越穷越差，越差就越穷"的悲观发展前景，Nurkse 在其恶性循环理论的基础上提出了不发达国家和地区的"平衡增长理论"。在平衡增长理论中，认为阻碍不发达国家和地区经济增长的关键因素是资本的形成受到阻碍，而要打破经济增长的恶性循环，改变不发达国家和地区落后的面貌，就必须通过扫清阻碍资本形成的供给和需求障碍。

Nurkse 认为萨伊定律的供给可以自然地创造需求，对某一产业的发展来说是不正确的，但对"整个经济的发展"来说是"正确的"。整个经济各部门间相互协调的平衡发展，不仅可以互相创造需求，提高投资诱导力，而且可以相互协调生产，提高收入和储蓄率。国民经济各部门间的互补性和相依性，也要求各部门间应保持齐头并进的平衡发展。Nurkse 的平衡发展理论主张同时对国民经济发展的各部门进行投资，与 Rosenstein-Rodan 的大推进理论相比，将投资的范围由工业产业扩大到了整个经济的范畴，是更为广泛和全面的平衡发展。虽然 Nurkse 主张全面的投资战略，但其并不主张整个经济发展各部门按同一比率发展，而是应根据其发展现状确定其投资和发展的速度。对于发展不足的部门应扩大投资，释放其发展潜力，加速其发展；而对于发展相对过快的部门，则应控制对其的投资，适当降低其发展速度，以到达国民经济各部门间的均衡发展。

三、非均衡发展

区域非均衡发展理论又称区域不平衡增长理论，是与区域平衡发展理论相对立的一种理论观点。该理论认为：理论上，对落后国家和地区进行全面投资，推进其经济社会各方面的全面发展，能够最终达到区域发展的均衡。但现实中，落后国家和地区往往不具备全面发展所必需的大量资本和其他要素资源，因而靠全面投资来实现区域的平衡增长，实践中是难以实现的。落后国家和地区在资源有限的条件下，要在现实中实现经济增长的目标，就只能有选择地将有限的资源集中投入"主导产业或部门"或是"经济发展特区"，再通过主导产业部门或经济优先发展区域的外部经济和扩散效应，推动整体的经济发展。

（一）区域经济非均衡发展理论

平衡发展理论主张的全面、均衡发展理论提出后，遭到了不少学者的批判。汉斯·辛格就在其《国际发展·成长与转变》一书中批评平衡发展理论主张的各产业共同同步发展，忽视了生产要素从生产力低的产业向生产力高的产业转移的经济发展意图，要实现生产要素向高增长的产业转移这一经济发展目标，依靠各产业全面均衡的发展显然是无法实现的。如果过去发展的结果是非均衡的，要实现均衡，采用全面发展的方式显然也是不合理的，而只能采用非均衡的发展方式来恢复失去的均衡①。

美国发展经济学家 A. O. Hirschman 不仅对汉斯·辛格的观点表示强烈的赞同，还在其1958年出版的《经济发展战略》一书中，提出了"不平衡增长理论"，从对主要稀缺资源的充分利用出发，系统地阐述了不平衡增长的理论与战略。Hirschman 的不平衡增长理论认为，对于落后国家和地区而言，由于现有的资源要素存量的稀缺及企业家人才的缺乏，要实现全面发展的平衡增长理论是不可行的。落后国家和地区若将有限的资源同时投放到所有经济部门和所有地区，只会造成投资的分散，无法有效推动经济的增长。Hirschman 认为，经济的发展并不单单取决于资本的形成，更取决于对现有资源的使用，并最大限度地提升其效率。而且产业部门外部经济的存在，使得各产业部门间存在着前向或是后向之间的联系，存在相互联系的产业部门间，可以通过前向或是后向产业链条上某个部门扩张，产生引致效应，从而获得引致投资，也将随着这一部门的发展壮大得到快速发展。一部门的扩张，将能够通过引致投资带来整个产业链条的发展，进而带来整个经济的增长。因此，落后国家和地区应将有限的资源集中用于发展"关联效应"大的优势产业，从而带动整个产业的发展，实现经济的快速增长。

落后国家和地区在发展初期之所以要实行不平衡发展，是由于落后国家和地区普遍缺乏经济发展所需的大量的资金，而且产业间也缺乏相互联系，若实行"一揽子"投资，资本稀缺的发展困境不仅难以打破，还有可能进一步加剧。Hirschman 认为经济发展是一个"不均衡的链条"，只能从主导部门通向其他的部门，从一个产业通向另一个产业。社会基础设施与直接生产部门间的性质不同，由于社会基础设施部门不仅能为直接生产部门创造外部性，而且社会基础设施过剩与社会基础设施短缺相比，更容易实现经济和社会的"自我推进"发展，因此落后国家和地区应实施优先发展社会基础设施不平衡发展战略。但社会基础设施与直接生产部门的发展

---

① 郭熙保主编：《发展经济学经典论著选》，中国经济出版社1998年版，第238～265页。

应该是交替进行的。

（二）循环累积因果理论

1957 年，瑞典经济学家 G. Mydral 在其《经济理论和不发达地区》一书中指出，不发达国家经济中存在着经济发达地区与经济不发达地区的"二元地理经济"结构。之所以会出现发达与不发达地区的共存，是由于社会经济各个因素之间并非是一种均衡关系，而是一种互相联系、互相影响的循环积累性因果关系。

Mydral 认为，某一社会经济因素的变化，其结果会引起另一社会经济因素的变化，而以第一级变化为原因的第二级的变化的结果又会反过来推动最初的那个变化，这种互为因果的关系，导致社会经济过程将沿着最初的那个变化的方向发展，即发展的循环积累。这种循环累计因果关系，存在着上升的循环累计过程与下降的循环累计过程。Mydral 以收入和劳动生产率为例，分析了这种上升和下降过程。若经济发达和欠发达地区的收入和劳动生产率初始条件相当，那么增加落后地区劳动者的收入，则能改善劳动者的营养和健康状况，提高劳动者的生产效率，而劳动生产率的增加又反过来促进了劳动者收入的提高，这是一个上升的因果循环过程。而反之，若收入下降则会带来劳动者营养与健康状况的恶化，使得劳动生产率降低，而劳动生产率的降低又会带来劳动报酬的减少，这是一个下降的因果循环过程。

对于区域发展的不平衡，由于循环累计因果效应的存在，市场的作用是趋于强化而不是弱化这种不平衡。经济发达国家和地区由于初始资源禀赋要优于经济落后国家和地区，经济发达国家和地区凭借其具有的优势，能够不断积累经济增长的有利因素，进入经济增长的上升因果累计循环；而经济落后地区则由于其初始资源禀赋的落后，将陷入下降的因果累计循环，从而导致区域间经济发展不平衡进一步加剧。

不仅如此，Mydral 还提出经济发达地区与落后地区除了各自的循环累计因果过程，不同国家之间和地区之间还存在空间上的"扩散效应"与

"回波效应"。扩散效应是指，各经济发展要素由经济发达的国家和地区流向经济欠发达的国家和地区，其结果将带来区域间经济发展差距的缩小。而回波效应则与扩散效应相反，指的是各经济发展要素由经济欠发达的国家和地区流向经济发达的国家和地区，显然其结果将带来区域间经济发展差距的进一步扩大。与均衡增长理论假定规模报酬不变，生产要素会自动从发达地区扩散到不发达地区不同的是，Mydral 认为，在市场机制的作用下，不同发展程度区域间的扩散效应并没有平衡发展学家们所预计的那么大。地区间发展的回波效应要远远大于扩散效应，两种效应循环累计的结果，必然是发达地区愈来愈发达，而落后地区越来越贫困落后。

(三) 倒 "U" 型理论

1965 年，美国经济学家 J. G. Williamson 发表了《区域不平衡与国家发展过程》一文，文章中通过对 1950 年 24 个不同发展程度国家的区域收入与人口计算的区域不均衡程度的截面分析发现，经济发展程度不同的国家其区域发展不平衡程度也不相同。发达经济国家，如美国、加拿大、澳大利亚等，区域发展的不平衡程度较低，且存在不断缩小的趋势；而发展中国家，如巴西、哥伦比亚等，区域发展的不平衡程度较高，且差距还有进一步扩大的趋势。Williamson 在其实证研究的基础上，借助库兹涅茨的个人收入倒 "U" 型假说，提出了区域经济增长的倒 "U" 型理论。

如图 1-7，Williamson 将一国的经济发展划分为经济起飞与经济成熟发展两大阶段，在这两大阶段中，由于市场机制的完善程度不同，要素流动的阻碍程度不同，也就造成了一国内区域间经济增长不平衡程度的不同。

在一国经济发展的起飞期，国内各区域间初始资源禀赋分布不均衡；通信和交通业不发达；生产要素运输和迁移成本高昂；资金进出困难；产业间关联效应差；发达地区对不发达地区的区域间扩散效应有限；国家为实现经济高速增长的目标，倾向于保护发展条件优越的地区。由于这一时期国内的市场机制尚不完善，生产要素流动和完全竞争的阻碍因素众多，就造成了区域间经济发展不平衡加剧，经济增长差距不断扩大。

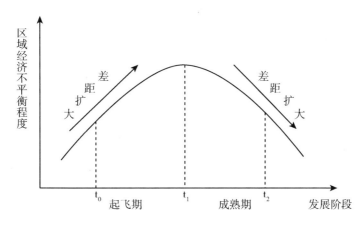

图1-7　区域发展的倒"U"型曲线

当一国经济发展越过转折点，由起飞期进入成熟期，随着国家经济实力的增强，交通、通信等基础设施条件大大改善；生产要素的运输和迁徙成本不断下降；资金流动顺畅；发达地区因拥挤而出现规模不经济，对不发达地区的扩散效应不断增强；国家为实现社会福利最大化，转而支持落后地区发展。在经济发展的成熟阶段，随着市场机制的不断完善，生产要素流动和完全竞争的阻碍因素日益消除，各区域间差距不断缩小，最终实现均衡发展。

在 Williamson 的倒"U"型理论中，区域经济发展差距将随着经济发展阶段的变化出现、扩大，然后缩小直至消失。相对于国家和政府的干预政策而言，倒"U"型理论认为区域间的发展差距随着经济发展而产生，又将随着经济发展的成熟和市场机制的完善而自然消失，不需要人为干预。

（四）增长极理论

增长极理论最早是由法国经济学家 Francois Perroux，在 1955 年发表的

《略论增长极概念》一文中提出，后经 Boudeville，Mydral，Hermansen[①] 等多位经济学家的发展与完善，现已成了区域不平衡发展理论最具代表性的理论之一。

增长极理论认为，经济增长在空间上也存在着若干中心、力场或是极，这些部门或是地区像"磁极"一样产生经济增长的向心力或离心力，从而形成空间上一定范围或区域的增长极。经济增长在空间上并非同时出现在所有地理空间点上，而是以不同的强度聚集某些在增长点或增长极，然后再以这些增长点或增长极为基点，通过不同的渠道向外部地区扩散。经济增长是由一个或一组优势经济部门（龙头企业或主导产业）的率先发展并推动的，在空间上经济增长总是处于非平衡状况的极化过程之中。

增长极的形成不仅是一个历史的过程，也是一个创造性的产物。首先，从人类历史发展的结果来看，经济和人口会根据资源禀赋与历史发展进程的不同，在地理空间上形成一定的聚集点。而这些聚集范围内无论是基础设施，还是劳动力素质、市场环境等各个方面都要优于其周边地区，而优越的条件又会吸引周边地区资本、优秀人才等生产要素的流入，形成增长极。其次，从资源条件来看，具有原材料、能源等资源优势的地区，由于拥有生产上的区位优势，往往比不具有这些优势的地区更有利于增长极的形成。再次，从技术条件上看，技术创新能力高的地区，劳动生产率更高，对各生产要素的吸引力也更大，也更有利于增长极的形成。Perroux 提出，增长极的形成应具备区位优势、规模经济与技术创新能力三个条件。

增长极理论指出，增长极与其腹地之间存在向心的极化效应与离心的扩散效应，且这两种效应是区域经济增长过程中普遍存在的基本效应。极化效应就产业而言，是指主导产业由于技术领先、劳动生产率高、增长迅速，因而不断吸引和拉动其他经济活动向其靠拢，产生增长极；就地区而言，随着主导产业带来的经济活动和生产要素的极化效应，不可避免地在

---

① 吴传清主编：《区域经济学原理》，武汉大学出版社 2008 年版，第 84 – 89 页。

主导产业所在地区产生地理上的极化效应。而扩散效应则是指，增长极在一系列联动机制和外部经济下，使经济活动和生产要素不断向周边地区扩散转移的过程。极化效应和扩散效应都随空间地理距离的增加而衰减。用公式表示为：

$$S_r = S_0 \times e^{-\alpha r} \tag{1.9}$$

式（1.9）中，S_r为增长极的极化效应或扩散效应强度；S_0为增长极的初值或常数值；e 为自然对数的底数；α 为距离衰减系数；r 为距离半径。公式显示，离增长极距离越远，极化或扩散效应强度就越弱。

区域间经济增长的极化效应与扩散效应并非先后出现，而是同时存在的，两者的共同作用形成溢出效应。经济发展的初期阶段，由于规模经济的存在，增长极的极化效应明显强于其扩散效应，区域间经济增长的溢出效应为负，区域发展不平衡加剧；当经济增长到一定阶段后，拥挤成本的增加，规模不经济的出现，使得增长极极化效应不断减弱，而扩散效应不断增强，生产要素和经济活动不断向周边地区扩散，此时区域间经济增长的溢出效应为正，区域经济增长不均衡程度降低（见图1-8）。

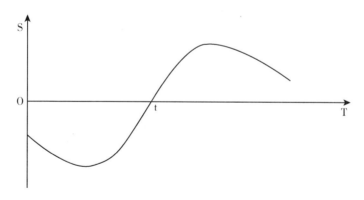

图1-8　溢出效应

（五）梯度转移理论

梯度转移理论，是在美国经济学家 R. Vernon（1966）的工业生产生命周期阶段论与 J. H. Thompson（1966）的区域生产周期理论基础上形成的。Vernon 认为，工业产品和生产也与生物生命周期相类似，其成长和发展过程都要经历一个由弱变强，然后再由盛及衰的生命周期。工业产品和生产的生命周期可划分为创新、发展、成熟和衰退四个阶段。Thompson 在对美国新英格兰地区发展特征分析的基础上更进一步指出，不止工业产品和生产，工业区域的发展和变化规律也遵循一定的周期性，即具有生命周期。

梯度推移理论创立至今，从最初的静态梯度推移理论，到动态梯度推移理论，再到反梯度推移理论和广义梯度推移理论的不断发展，日臻完善。梯度推移理论认为，各种工业产品、各产业、各地区都处在不同的生命周期循环阶段上，产品所处的生命周期阶段决定了产业所处的生命周期阶段，而主导产业所处的生命周期阶段又决定了区域产业结构的优劣，而区域产业结构的优劣则决定了该区域所处的生命周期。若一地区的主导产业部门都处在创新阶段，那么这个地区处于生命周期的上升期，是发展的"高梯度"地区；而相应的，若一地区的主导产业部门都处在成熟和衰退阶段，那么这个地区处于生命周期的下降期，是发展的"低梯度"地区。而不同梯度的产业与区域间，都存在着由"高梯度"向"低梯度"的空间转移。

处于创新阶段的新兴产业部门，其产生往往需要大量的硬件设施和软环境的支撑，所以其往往出现在资源禀赋、要素条件优越的"高梯度"经济发达地区。随着创新性的产业部门的技术日益成熟，发展日益扩大，其将进入快速的扩张和发展阶段。进入发展阶段的产业部门，急需发展壮大，而高梯度地区高昂的生产成本无疑成为其发展的阻碍，而位于第二梯度上的地区就成为发展阶段产业转移的首选。同理，当发展阶段的产业部门，由于技术扩散、市场饱和、竞争激烈进入成熟与衰退阶段，则又将进一步向"低梯度"的落后地区转移。

从"高梯度"向"低梯度"的梯度空间转移，也可以看作是创新活动在空间上的扩散。而创新活动在空间上的扩散又可以分为局部范围的扩散与大范围的扩散两种形式。一产业部门的扩散，总是先向距离其较近的地区转移，这种逐步逐级的扩散形式，称为局部范围的扩散；而若一产业部门的扩散并非按距离的远近，而是按照对于其技术的接受程度，在全国范围内跳跃式的扩散，则称为大范围的扩散。创新活动在空间上局部范围从高梯度地区到低梯度地区的扩散，遵循各地区的空间梯度等级，逐级向低梯度地区扩散；而大范围的扩散虽然也是从高梯度地区向低梯度地区的扩散，但其扩散的途径并非一定是逐级的，而是可以跳跃的。

四、区域发展与政府干预

20 世纪 30 年代的经济大萧条，使人们看到了市场经济的局限性。以凯恩斯主义为代表的政府干预理论，取代了传统的古典经济学理论成为经济学的主流。虽然之后凯恩斯主义的观点受到了货币学派等现代经济学派的质疑与批判，但政府在经济发展中的作用已在世界范围取得了广泛的共识，对经济发展的政府干预理论也成为各国制定经济发展政策理论基础。

区域发展的政府干预论是指，对市场配置的基础上的区域发展，政府还必须以相应的发展政策予以干预的一种理论学说。政府干预论强调单纯的市场自发调节存在缺陷，必须实施政府干预政策才能实现区域发展的目标。主流区域发展理论除自然均衡理论外，无论是平衡发展理论还是非均衡发展理论都强调政府在区域经济发展中的作用，主张对区域的经济发展进行政府干预，但干预的侧重点则有所不同。

区域平衡发展理论中，无论是大推进理论，还是平衡增长理论，都主张要实现平衡发展，政府必须对区域的发展进行干预。要实现平衡发现，缩小区域间的经济发展差距，就必须对经济欠发达地区各产业、各部门进行全面的、大规模的投资。而经济落后国家或地区自身市场机制不健全，仅依靠自然增长形成的资本积累十分有限，难以筹集实施平衡发展战略所需的大量的资金，只有依靠国家整体宏观经济的计划化，依靠政府的力量，才能担负平衡增长的重担。由国家制订统一的经济发展计划，将大量的资金全面地投资于经济社会发展的各产业与各部门，总体推进落后国家和地区的经济与社会的全面增长与平衡发展。

区域非均衡理论则主张经济发展的不平衡是客观的，在区域发展战略中政府应及时进行干预，采用不平衡的区域发展战略。现实中，欠发达国家和地区由于资源条件有限，难以实现全面发展。但经济活动间的相互关联性即外部经济性的存在，就使得某一主导产业或区域的发展能够成为带动整体经济发展的增长极。因此，政府应当通过制定经济发展的重点投资行业或区域的经济发展战略，推动区域经济增长极的形成与发展，以带动整体经济的发展。由于区域间，尤其是在经济发展的初期阶段，"扩散效应"要弱于"回波效应"，因此在区域发展的过程中，政府应采用不平衡的发展战略，通过对主导产业和优势区域的重点投资和扶持战略，实现主导产业和优势地区经济的快速增长，之后适时调整政策，引导优势地区通过"扩散效应"和"梯度转移"带动其他地区的经济发展。

第三节　财政转移支付对区域发展的作用空间

市场经济的局限性使人们认识到，要实现区域的发展，在市场配置的基础上，政府还必须实施干预政策才能实现区域发展的目标。政府作用的逐步增强，加重了转移支付在政府财政支出中的作用，财政转移支付制度的范围、规模及作用持续扩张，业已成为一种庞大又复杂的体系。在实践过程中，政府间的财政转移支付作为弥补地方财政纵向和横向的财政资金失衡，矫正辖区间的外部性，实现国家区域发展目标的一项财政资源再分配制度，影响着区域经济和社会的发展。

一、财政转移支付政策有效弥补区域财政失衡

无论是中央与地方间的纵向财政失衡，还是地区间的横向财政失衡，都从不同的方面影响地区的发展。而财政转移支付政策能起到有效弥补中

央与地方间纵向财政缺口，实现区域间横向财政公平的作用。

（一）弥补中央与地方间纵向财政失衡

纵向财政失衡，指的是上下级政府间财政收支能力的不均衡。在多级财政体制中，各级政府间须根据各自的责权对其收入和支出进行划分，如果各级政府间对收入权利和支出职责的划分是完全对等的，则不会出现纵向的财政失衡，但这往往是不现实的。现实中，由于上下级政府间财政收支责任划分的不对等，纵向财政失衡在多级财政体制中普遍存在。

纵向财政失衡一般表现为两种形式：一种是中央财政盈余，地方财政困难。即在收入权利的划分上将税基广、税收收入稳定的大额税收的收入权利划分给中央政府，而将税基窄、税源零散、税收收入不稳定的收入权利划分给地方政府；在支出责任的划分上则仅将与国家整体有关全国性的公共产品的供给责任划分给中央政府，而将更多的与人民生活息息相关的地方公共产品的供给责任划分给地方政府，收入权利与支出责任划分的不均衡导致了中央与地方政府间纵向的财政不均衡。另一种是中央财政拮据，地方财政富裕。出现这种纵向财政不均衡的原因与第一种情况刚好相反，是由于将更多的收入权利留在了地方，而将更多的支出责任划分给了中央政府。以上两种纵向不均衡，无论是从公平还是从效率而言都是不利于经济的发展和社会的稳定的。因此，一旦出现纵向的财政不均衡的缺口就必须对其进行弥补，而政府间的财政转移支付无疑是必不可少的政策选择。而相对于地方富裕、中央困难的纵向财政不均衡，中央富裕、地方困难的纵向财政不均衡更有利于转移支付政策发挥其效应。

客观上，由于在地方公共产品的供给中存在"偏好误识"[①]（Tresch，1981），中央政府较之地方政府在地方公共产品的供给上会造成效率的损失，财政支出责任分权更倾向于地方政府。此外，财政支出分权还有利于地方政府创新，为地方居民提供更为灵活、优质公共产品，提升整体的社

---

① Richard W. Tresch：Public Finance，Business publications，Inc，1981，232 – 241.

会福利。正因为如此，实际上多数国家都选择将支出责任划分给地方政府。而对于收入的划分，由于中央政府较之地方政府具有更强的协调和再分配能力，因此为能够更好地协调政府间的财政关系，来源广、收入规模大且稳定的收入应划归中央政府。而由此形成的纵向的财政不均衡，则应通过中央政府的再分配，将其集中的财力转移到地方政府，以满足地方财政支出需求。

财政转移支付政策不仅能够为中央政府的再分配提供一般转移支付、专项转移支付等政策手段，而且能够有效地实现中央政府宏观调控的目标，具有较强的政策导向性，因而成为多数国家调节中央与地方政府间财政纵向失衡的有效手段。

（二）实现区域间横向财政均衡

多级政府财政体制下，不仅存在纵向的财政不均衡，还存在横向的财政不均衡，即同级地方政府间财力的不均衡。即使政府间财政纵向失衡不存在，由于一国不同地区间差异的客观存在，地区间的横向财政失衡也会存在。

横向财政失衡存在的原因，首先是地区间由于经济发展的不平衡。从经济社会发展的进程来看，一国内部各区域间先天的资源要素禀赋的差异是客观存在的，以此为基础的经济发展的不均衡也是普遍存在的客观现象。地区间经济发展的显著不均衡，必然带来地区间财政收入能力的不均衡。其次，地方政府提供公共产品的成本存在差异。相对于地理条件优越、人口居住较为集中的地区、边远地区或山区，由于先天地理条件较差，人口也较为稀少，其地方公共产品不仅因基础设施建设费用高而导致供给成本较高，而且由于人口稀少也难以形成规模效应。公共产品供给成本的差异，也造成了地方政府间财政支出需求的不均衡。再次，地方政府对公共产品供给还具有地区偏好。各地方政府由于其经济社会发展环境不同，历史文化背景也不同，在公共产品的供给、国家最低标准的执行，以及对地方税种及收入来源的选择上都带有明显的地区偏好性，而不同的地区偏好又带来了各地区间财政收入能力与公共产品供给间的差异。

理论上而言，公共产品间的地区差异，可通过人口的完全流动，"以脚投票"最终自动达到均衡。但现实中这种完全自由流动是不存在的，因此同级政府间的横向财政差异无法自动消除。而地区间横向财政不平衡又导致了潜在的经济社会发展问题。一方面，地区间财政能力差距的扩大，使得地区间公共产品供给差距不断扩大，居民为获得更多的公共产品，开始由财政能力差的地区向财政能力强的地区迁徙。人口大规模涌入公共产品富集地区，一旦突破其规模效应，又将导致公共产品拥挤成本的上升，反而造成发达地区社会福利水平的下降。财政能力的横向差异，导致劳动力配置的无效率移民。另一方面，地区间财政能力的差异又会带来地方保护主义的盛行。各地区为维护本地区的利益，避免财源外流，会设置各种市场进入和退出障碍，形成地区间的市场割据和经济封锁，以保证本地区的财政收入。这种人为的地区割据与封锁不仅不利于全国统一市场的形成，而且会导致地方低水平产业结构趋同，低水平重复建设，不利于资源的有效配置及经济的良性发展。因此，通过财政的再分配，合理调整横向财政失衡，实现地区间财力均衡是各国财政政策的重要目标。

对横向财政不平衡的调节方式有两种：一是通过中央政府的纵向转移支付再分配，即中央政府集中富裕地区的财力，然后分配到贫困地区来实现横向的财政均衡；二是通过同级地方政府间的横向转移支付，即富裕地区直接向贫困地区进行补贴和转移支付来实现横向的均衡。但无论采用哪种方式，或是采用两种方式的结合，目的都是为了实现地区间财政能力的公平。横向转移支付所要达到的地区间财力的均衡是相对的，而非绝对的均衡，绝对的均衡在现实中是不存在的。

二、财政转移支付政策有效矫正区域发展外部性

外部性是以市场为资源配置手段的主要缺陷之一，是社会成员由于从事经济和社会活动时所付出的成本和获得的收益不对等所造成的。当社会

成员从事的经济和社会活动可使其他社会成员收益，而其他社会成员无须负担相应成本时，表现为正的外部性；当社会成员从事的经济和社会活动使其他社会成员的利益受损，而行为主体同样无须负担相应成本时，表现为负的外部性。由于外部效应的存在，私人的边际成本与收益与社会边际成本与收益间存在差异，市场机制下私人投资仅考虑私人成本与效益，而不考虑社会成本与效益，就会造成单纯市场机制下的资源配置倾向于具有负的外部效应的经济和社会活动，而不倾向于私人利益受损的具有正的外部效应的经济和社会活动，最终造成社会效益受损，影响社会整体福利水平。

外部性作为公共产品的基本特性，不仅存在于全国性的公共产品中，也同样存在于地方性的公共产品中。地方政府作为地方公共产品的提供者，承担本区域内居民享有的公共产品的供给成本，而本地区的居民获得地方政府提供的公共产品的收益。若地方政府提供公共产品的成本与本地居民享有的公共产品的收益相等，则不存在地方公共产品的外部性。但由于地方提供的公共产品，如兴建水利设施、治理环境污染等的受益范围无法明确的限制在其区域范围内，就使得其他区域的居民不用承担相应的成本也能获得相关的收益，地方性的公共产品外溢到了其他的地区。而地方政府作为代表本地区利益的利益集团，在财政资金有限的情况下，考虑供给成本与收益，将侧重于提供不具有区域外部性或外部性很小的地方公共产品，以使得本地区居民的社会收益最大化，而不倾向于提供外部性较强的公共产品，导致资源配置效率的损失。

将地方政府提供公共产品的外部效应内部化，是解决外部性的关键之所在。理论上，可通过调整各地区的辖区面积，使其辖区面积与公共产品的收益范围完全一致来解决外部性问题。但实际上，一方面，由于地方辖区范围的形成是一个长期复杂的过程，而且一旦形成较难改变；另一方面，众多公共产品的收益范围不一，且难以界定在一定的范围内；这就使得成本与收益范围划分这种完全的一致性在实际中难以实现。若将收益范围的划分扩大到全国范围，虽然能够解决地方公共产品的外部性问题，但全部公共产品都由中央政府提供，又会因为"偏好误差"的存在，而造成公共产品供给的低效率。所以，对于地方公共产品外部性的一个可行的办法，就是由中央政府提供补助。由中央政府对外部性较强的地方公共产品提供一套相应的配套转移支付政策，使外部效应所产生的成本内部化，不失为一种有效的解决措施。

三、财政转移支付政策有助于实现国家区域发展政策目标

历史经验表明，要实现国家的团结统一、长治久安与健康发展，一个强有力的中央政府，及其有效的宏观调控措施是必不可少的。财政转移支付政策不仅是弥补纵向财政失衡、实现横向财政均衡、矫正区域外部性的有效手段，还是实现国家宏观调控与政策目标的有效措施。

财政转移支付政策是维护公共服务国家标准的重要措施。如教育、医疗、社会保障等公共服务项目，不仅与社会再分配的公平性息息相关，而且也与人民生活和社会稳定密切相关，是经济和社会发展不可或缺的。为促进社会公平，中央政府一般会在全国范围内制定统一的公共服务水平，即对教育、医疗、社会保障等公共服务制定"国民待遇"最低水平的国家标准，且这些国家标准一般以法律的形式加以确认，一旦不予以实施，则要给予一定的处罚。地方政府作为教育、医疗、社会保障等公共服务项目的直接提供者，由于其各自的具体财力情况及偏好不同，其对这些公共服务项目的供给目标，与中央政府制定的国家最低标准之间存在目标不一致的矛盾与冲突。虽然中央政府可以通过法律的强制手段确保国家最低标准的实施，但采取这样的方法会加剧中央与地方的矛盾，使得中央与地方关系进一步紧张。为保证国家标准的顺利实施，同时协调中央与地方间的关系，中央政府一般采用通过财政转移支付向地方政府进行拨款的方式，来支持地方政府对重要公共服务项目的供给。

财政转移支付政策是实现中央政府政策目标的主要措施。与地方政府在制定相关政策提供公共产品仅考虑本地方的成本与收益不同的是，中央

政府在制定相关政策措施和提供相关公共产品时，更多的要考虑全国范围的整体社会福利水平的提升，这就会造成中央政府与地方政府间对于某项政策措施提供的评价不一致的情况出现。当中央政府与地方政府对某一政策措施的评价一致时，地方政府的决策不仅有利于本地方，也符合全国的利益。但当地方政府与中央政府对某一政策措施的评价不一致时，地方将致力于有利于保护本地方利益的政策，而就全国范围来看，则可能会造成资源配置低效和社会整体福利水平受损。因此，在对中央有意施行，但地方不具有积极性的政策措施的实施中，中央政府就必须通过有效的手段来矫正地方政府与中央政府在资源配置决策上的偏差。而在实践中，政府间的财政转移支付是常常用以纠正这种决策偏差的行之有效的手段。

第二章　西部地区经济社会发展现状

第一节　西部区域特征

　　我国幅员辽阔，地区间自然地理条件、资源禀赋差异大，地区间经济发展差异巨大，发展十分不平衡。自古以来，我国对地区的划分除了行政区划以外，还常按照地理位置划分为"四方""五域""六大区域"，即南方与北方，东部与西部四方；黄河流域、长江流域、海河流域、淮河流域、珠江流域五域；以及东北、华北、西北、西南、中南、华东六区。新中国成立以后，除了传统的地理区域划分，我国在"七五"计划中首次提出了东部沿海地带、中部地带、西部地带的三大地带地理区域划分。

　　2000 年，伴随着国家西部大开发政策正式提出，我国政府在"七五"计划地理划分的基础上，根据政治和经济发展的特征，将我国 31 个省、市、自治区划分为东部、中部、西部三大区域。其中东部为北京、天津、河北、辽宁、上海、江苏、浙江、福建、山东、广东、海南 11 省、市；中部为山西、吉林、黑龙江、安徽、江西、河南、湖北、湖南 8 省、市；而西部地区包括重庆、四川、贵州、云南、广西、陕西、甘肃、青海、宁夏、西藏、新疆、内蒙古等 12 省、市、自治区。虽然随着振兴东北老工业基地政策的提出，我国国家统计年鉴将东北地区从东部单独划分出来进行统计。但西部地区无论是政府的政策性划分，还是学者们进行我国区域经济研究的划分，因其地理、经济和政治特征，都仍按照 2000 年西部大开发对西部地区的划分。

一、地理及生态环境复杂多样

西部地区地域广茂，幅员辽阔，以 686.7 万平方公里的面积占据了我国国土面积的 71.5%，位居三大区域之首。西部地区东起内蒙古鄂伦春自治旗，西至我国最西端的帕米尔高原，东西横跨 4500 公里；南北贯穿寒温带、温带、暖温带、亚热带、热带五大气候带；远离海洋，深居内陆，地区海拔落差大。西部地区拥有青藏高原、黄土高原和云贵高原三大高原，柴达木、塔里木、准噶尔和四川盆地四大盆地；既有适宜耕种的平原，也有贫瘠干枯的黄土地；既有茂密的森林、辽阔的草原，也有黄沙漫天的沙漠；地形地貌极为多样，自然环境丰富多彩。

（一）地理环境

我国西部地区多位于高山、高原、山地、草原、丘陵地带，地质构造复杂、地貌丰富多样。西南地区分布着世界上最为典型的岩溶景观，西北地区分布着全球最为干旱的荒漠，西北地区的"盆山地貌"造就了全球独特的"冰川—河流—湖泊—绿洲—沙漠"的景观格局。

（二）气候环境

我国西南地区总体上属亚热带湿润性气候，降水较多。青藏高原海拔较高，属高原气候；四川盆地属湿润性亚热带季风气候；云贵高原多属亚热带湿润气候，南端还分布有少部分热带季雨林气候区，干湿季分明。而西北地区深居内陆，距海遥远，再加上地形对湿润气流的阻挡，该地区成为全球同纬度地区中降水量最少，蒸发量最大，最为干旱的地带。西北地区基本上是干旱半干旱区，沙漠戈壁和高山地貌占很大面积。由于气候干旱，气温的日较差和年较差都很大。该区大部属中温带和暖温带。人口大多聚集在有河道与泉水的地方，形成绿洲文明。

（三）生态环境

气候的多样性造就了我国西部地区成为全球生物多样性最为丰富的地区之一。西部地区从南端的热带雨林到北部的草原与荒漠；从低海拔的亚热带干河谷到高海拔的高山草甸与冻土冰川；从季风常绿阔叶林到内陆盐湖与泥沼；几乎涵盖了所有的生态系统。西部地区地质构造复杂多变，地势起伏差别悬殊，区域分异变化明显，形成了类型齐全、复杂多样的生态环境。与此同时，西部地区还是我国三大水系长江、黄河和珠江的发源地，是中、下游流域地区的生态屏障和水源涵养地，是我国生态系统平衡的枢纽。

西部生态系统结构简单，敏感性强，稳定度小，自恢复能力弱，一旦遭受破坏，极难恢复。过去50年的气候、水文与环境变化趋势调查的初步结果显示，西部地区各类生态系统均存在不同程度的退化，水土流失、荒漠化严重。生态环境脆弱，不仅制约了西部地区社会经济的发展，也影响制约着我国经济社会的健康、可持续发展。

二、自然资源富集

我国西部地区地域辽阔，地形复杂多变，生态环境及物种丰富多样，是我国自然资源最为富集的地区。西部地区各省市的自然资源优势度，以及人均拥有的自然资源总量都位居我国的前列。

（一）矿产资源

西部地区是我国矿产资源最为丰富的地区，具有矿产种类丰富，储量大的特点。已探明储量的156种矿产资源中，有138中分布在西部地区。45种主要矿产资源中，有24中在西部地区的保有储量占到全国的50%以上，另有11种达到全国储量的30%～50%。西部能源储量丰富，天然气储量占到了全国储量的80%，石油和煤炭储量也占到了全国的48%和

31%，铬、锰、锌、铅的金属矿产的储量也十分丰富。

但西部的矿产资源中一般性矿种储量较大，关键性矿种和重要性矿种的储量相对较少，而且开采困难、开采率低。有些矿产资源与从国外进口相比，开采和运输成本高，不具有竞争优势。同时，大规模、高强度的资源开发，会对西部地区的生态和环境造成严重影响。

（二）能源

西部地区不仅煤炭、石油、天然气等传统矿物能源蕴藏丰富，水能、风能、太阳能等清洁新能源的蕴藏量也十分丰富。西部地区已探明的天然气储量占我国天然气储量的87.5%，煤炭资源的保有储量占我国储量的近40%，原油的探明储量占我国储量的27.8%，其中可开采的石油储量占到我国储量的1/3。西部地区不仅是我国两大水系的发源地，且降雨充沛，水系发达，海拔落差大，是我国水能资源最为集中的地区。其水能蕴藏总量占全国的82.5%，已开发水能资源占全国的77%，但由于西部地区山高沟深，地形条件复杂，交通不便，西部地区的水资源开发受地质条件的限制，开发利用尚不足1%。西北地区及内蒙古地区，地势高，山口多，是我国风能资源最为集中的地区。据国家气象局估算，全国风能资源总储量约2.33亿千瓦时，其中内蒙古拥有1.01亿千瓦时，占总储量的43%，新疆拥有8000万千瓦时，占总储量的34%。除此之外，西部地区，尤其是西北地区光热资源也充足。西北地区全年日照时数2500～3400小时，太阳辐射可达到502～620千焦耳/平方厘米。

（三）生物资源

西部地区复杂多样的自然地理条件和气候条件，为生物多样性创造了良好的环境。西部地区是我国野生植物物种最丰富的地区之一，从热带雨林到干旱荒漠的物种类型齐全，区系复杂，种类繁多，特有性高。植物种类占我国的85%，拥有藏红花、冬虫夏草、天山雪莲等数十种珍稀植物，以及大量的药用植物和工业用植物。西部地区栖息着我国约1/2的兽类和

66%的鸟类，野耗牛、白唇鹿、藏羚羊、大熊猫、藏野驴、滇金丝猴等众多物种只分布在我国西部地区。同时，西南地区还是全球25个生物多样性热点地区之一，西部地区的生物多样性不仅在我国，在全球也同样占有重要地位。

三、边疆及少数民族聚居区

从地理区位来看，我国西部地区12个省、市、自治区中，广西、云南、西藏、新疆、甘肃和内蒙古6省、自治区地处我国陆路边境，占到了西部地区的一半。沿边6省与蒙古国、俄罗斯、塔吉克斯塔、哈萨克斯坦、吉尔吉斯斯坦、巴基斯坦、阿富汗、不丹、锡金、尼泊尔、印度、缅甸、老挝、越南14个国家接壤，陆地边境线长达1.8万公里，约占全国陆地边境线的81%。历史上，西部地区曾是我国对外贸易的重要前沿地区。贯穿西部地区的"丝绸之路"，就是历史上我国与欧洲和西亚进行贸易往来的重要通道。现在，西部12省、市、自治区，除青海以外，其他各省区市拥有的对外贸易口岸数都达到60个以上，西部地区也仍是我国对外开放及对外贸易的重要边境口岸。

除汉族外，西部地区共有51个少数民族，其少数民族人口占到全国少数民族人口的3/4，是我国少数民族分布最集中的地区。我国五大少数民族自治区，内蒙古、宁夏、新疆、西藏、广西，都地处我国西部地区。众多的少数民族人口造就了西部与众不同的民俗民风和多姿多彩的民族文化。

四、战略地位至关重要

西部地区丰富的生物、矿产、能源等各项自然资源，使得西部地区成为我国最为重要的资源宝库，为我国工业发展提供丰富的原材料和能源，尤其是西气东输和西电东送等大型能源输送工程，更使得西部地区在我国能源供给和能源安全上占据重要的战略地位。

西部地区由于地质构造复杂、地貌丰富多样，形成了多样的气候和复杂的生态环境。但西部生态系统结构简单敏感，稳定度不高，自我恢复能力差。作为我国三江源头的西部地区，其生态环境的保护不仅关系到西部地区自身的可持续发展，也将直接关系到长江、黄河、珠江三大流域中下游各省、市的生态平衡，以及可持续发展和人民的健康生活。西部地区是我国整体生态的重要屏障，是我国生态系统平衡的枢纽。

而漫长的陆路边境线，众多的接壤国家，以及国内少数民族聚居，造就了西部地区特殊的地域、宗教、政治、文化特色。跨国境、跨民族、跨宗教的地域经济、文化的融合与冲突，也决定了西部地区从古至今都是我国维护国家统一、民族团结、政治稳定的重要防线。历史和现实都表明，没有西部地区的民族团结与边疆稳定，也就无法维持我国社会整体的安定与统一，更无法实现经济社会的快速健康发展。西部地区既是我国国家安全的重要屏障，又是我国实现国家统一民族团结战略的最主要力量，其在我国国家安全和统一战略中的地位无可取代。

第二节　经济社会发展水平：　西部与全国比较

发展是人类永恒的主题。第二次世界大战后，世界各国的重心由战争转向经济建设，经济增长成为人类发展的主要目标。第二次世界大战后的二三十年，人类经济发展取得前所未有的巨大成就，但是也付出了相当惨重的代价。伴随着经济快速发展，资源浪费、环境污染、生态失衡、温室效应、能源危机等严重影响制约着人类生存和发展。社会发展观作为一个新的跨学科研究领域，在欧美等国家迅速兴起，积极探索社会发展的出路。自20世纪50年代以来，经济增长观、经济社会协调发展观、可持续发展观、以人为核心的发展观等各种社会发展理论、发展模式和发展战略观相继问世，社会发展重心和社会发展观从单纯的追寻经济增长不断向社会综合发展转变。

与此同时，如何对社会发展进行科学、准确的评价也成为各国学者及政府关注的焦点。20世纪60年代，以美国雷蒙德·鲍尔教授编写的《社会指标》一书为起点，掀起了一场找寻较传统上用于衡量社会发展的国民生产总值及其增长率指标更能全面衡量与评价社会发展的社会指标运动。到20世纪80年代，众多国家和地区都建立了用以衡量和评价本国和本地区社会发展的社会指标体系。我国国家统计局在1983年也制定了包含自然环境、人口与家庭、劳动、居民收入与消费、住房与生活服务、劳动保险与社会福利、教育、科学研究、环境保护、文化、卫生、体育、社会秩序与安全、政治活动参与情况、生活时间分配等，15个大类的我国第一套社会统计指标体系。

自西部地区概念及西部大开发战略提出后，我国国家统计局从2001年开始，在《中国统计年鉴》中，专门增添了对西部地区经济社会发展的统计指标体系。以自然资源、人口、劳动就业、国民经济核算、固定资产投资、对外贸易、财政、物价、主要农业及工业产品、国内商业、交通运输业、邮电通信业、教育、医疗及人民生活15个类别指标，来测度西部地区经济社会发展状况。本节将在《中国统计年鉴》西部地区经济社会发展统计指标及数据的基础上，就西部经济社会发展的主要指标分析我国西部地区经济社会发展的状况。

一、经济总量及结构

人类的社会活动离不开物质产品和经济活动，而经济活动和社会产品富裕程度又反过来体现了人类社会发展的水平。

（一）经济总量

国内生产总值（GDP）是迄今为止，国际上衡量一个社会国民经济活动水平最常用的经济总量指标。GDP是指一个国家或地区的所有常住单位，在一定时期内（通常为一年）所生产和提供的最终产品和劳务的市场价值总和。虽然，随着社会发展观的演变及社会指标运动的兴起，对于片面的、单一的使用 GDP 衡量一国经济发展水平提出了强烈的质疑。但至今国际上和学术界，仍未能找到广泛认可的其他经济发展水平衡量指标来替代 GDP。

首先，就经济发展的绝对量来说（见表 2－1），西部大开发政策实施后，西部地区的经济迅速发展。2012 年，西部地区的 GDP 总量达到113904 亿元，较 2001 年的 18248 亿元，增长了 95656 亿元，是 2001 年的5.24 倍，而同期全国 GDP 仅增长了 4.4 倍，西部地区经济增长幅度高于全国同期水平。

表 2－1　　　　　　　　2001～2012 年西部地区 GDP 及增长率

年份	GDP（亿元）		GDP 增长率（%）	
	全国	西部	全国	西部
2001	95933.30	18248.44	—	—
2002	104790.60	20080.90	9.1	10.04
2003	117251.90	22954.66	10	14.31
2004	136875.87	27585.17	10.1	20.17
2005	183084.80	33493.31	11.3	21.42
2006	210870.99	39527.14	12.7	18.02
2007	249529.90	47864.14	14.2	21.09
2008	300670.00	58256.58	9.6	21.71
2009	340506.87	66973.48	9.2	14.96
2010	401202.00	81408.49	10.4	21.55
2011	472881.56	100234.96	9.3	23.13
2012	518942.11	113904.80	7.7	13.64

资料来源：《中国统计年鉴》（2002～2013 年）。

其次，就经济增长速度而言，2002～2012 年，西部地区 GDP 增长成波浪形（图 2－1）。2002～2005 年，2007～2008 年，以及 2010～2011 年经济都保持快速增长，2006 年、2009 年及 2012 年增幅稍有下降，但增长速度一直维持在13%以上，年均增长达到18.18%。西部地区经济增长十分迅速，不仅增长速度都高于全国GDP的增长速度，年均增长率也高于全国10.33%的增长率。

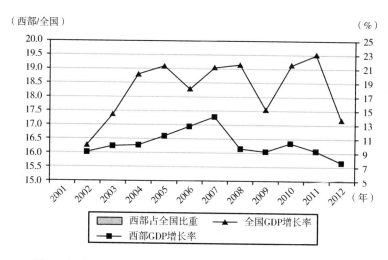

图2－1　2001～2012年西部地区GDP增长率及其占全国比重

就2001～2012年西部地区GDP占全国GDP的比重来看，2001年，西部地区在全国GDP中所占的比重仅为17.09%，2004年这一比重降至最低点16.90%，西部地区与其他地区间经济发展差距的不断扩大。2005年后，随着国家对西部地区各项扶持政策持续推进，这一趋势开始有所缓解，西部地区GDP占全国GDP的比重开始持续上升，到2012年这一比重已升至19.76%。但整体上来说，2001～2012年西部地区在全国GDP中所占的比重仅为16%～20%之间，地域广阔，资源富集的西部地区，其经济发展水平尚未不足全国水平1/5，西部地区整体经济实力仍十分薄弱。

而就人均GDP而言（见表2－2、图2－2）：首先，西部地区人均GDP增长速度快。2001年，西部地区的人均GDP仅5042元，2012年已增长到31357元，增长了26314元，是2001年的5.21倍，年均增长18.16%。而同期全国人均GDP仅增长了4.09倍，年均增长9.72%，可见西部地区不仅经济总量，其人均GDP增长也十分迅速。其次，西部地区人均GDP与

全国人均 GDP 水平的绝对值不断拉大。2001 年，西部地区人均 GDP 与全
国人均 GDP 的差距仅为 2500 元，2010 年这一差距扩大到顶点，西部地区
人均 GDP 与全国人均 GDP 的差距达到 7516 元，2011 年和 2012 年虽有小
幅回落，但下降幅度非常有限。而西部地区人均 GDP 与全国人均 GDP 的
相对差距①却在不断缩小。伴随着西部大开发战略的实施，西部地区经济
增长的加快，以及中央对西部地区转移支付支持的不断加大，西部地区人
均 GDP 与全国人均 GDP 间的差距不断缩小。2001 年，西部地区人均 GDP
为全国的 66.85%，到 2012 年，虽然西部地区人均 GDP 仍低于全国平均水
平，但已达到全国的 81.62%，提升了近 15 个百分点，西部地区的经济发
展水平不断提升。

表 2 - 2   2001 ~ 2012 年西部地区 GDP 及人均 GDP

年份	人均 GDP（亿元）		人均 GDP 增长率（%）	
	全国	西部	全国	西部
2001	7543.00	5042.71	—	—
2002	8184.00	5514.60	8.50	9.36
2003	9101.00	6305.90	11.20	14.35
2004	10561.00	7727.58	16.04	22.55
2005	14040.00	9338.20	32.94	20.84
2006	16084.00	10959.49	14.56	17.36
2007	18934.00	13212.07	17.72	20.55
2008	22698.00	16000.08	19.88	21.10
2009	25575.48	18285.70	12.68	14.29
2010	29992.00	22475.92	17.27	22.92
2011	35181.24	27730.82	17.30	23.38
2012	38420.38	31357.50	9.21	13.08

资料来源：《中国统计年鉴》（2002 ~ 2013 年）。

----

① 下文所使用的西部与全国的绝对差距均为全国减去西部数值，绝对差距均为西部/全国的
比值。

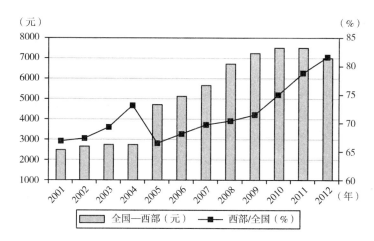

图 2 - 2　2001～2012 年西部地区人均 GDP 与全国人均 GDP 差距

（二）产业结构

产业结构是指国民经济各产业之间及产业的构成比例关系。GDP 是从经济总量上反映经济发展的水平，而产业结构则是从内容和结构上反映经济发展水平。产业结构按照不同的方法可划分为许多类型，如按资源密集程度可划分为劳动密集型、资本密集型和技术密集型产业；按生产活动的性质可划分为物质生产产业和非物质生产产业；按照社会生产活动历史发展的顺序可划分为第一产业、第二产业和第三产业。其中，三次产业划分法是国际及我国经济发展统计测度中，进行产业结构分析最主要的划分方法。随着人类经济社会的发展，一国经济发展重点和三次产业结构的重心，表现出由第一产业逐步向第二产业和第三产业转移的过程，也称为产业结构的升级或高度化。产业结构的优化升级，又往往推动着人类经济社会的发展。因此，产业结构是衡量一个社会经济活动发展水平的基本指标之一。

首先，从各产业发展来看（见表 2 - 3、表 2 - 4、图 2 - 3），随着西部经济增长的加速，经济实力的提升，西部地区第一、第二、第三产业都取得了较大的发展，尤其是第二产业发展迅速。2001～2012 年，西部地区第一产业产值稳步增长，由 3833.07 亿元增长到 14332.55 亿元，增长了 2.74 倍，高于全国 2.58 倍的增幅。西部地区第一产业在全国所占的比重也呈稳步上升的趋势，由 2001 年的 24.66% 上升到 2012 年的 27.37%，且西部地区第一产业在全国所占比重，要远高于第二、第三产业在全国所占的比重。第二产业虽然在全国所占的比重要低于第一产业，但较之第一产业和第三产业，发展势头十分迅猛，西部地区工业化速度不断加快。2001 年，西部地区第二产业产值为 7430.58 亿元，仅占全国第二产业产值的 14.9%；而到 2012 年，西部地区第二产业产值上升到 57104.21.58 亿元，占全国第二产业产值的 19.99%；12 年间西部地区第二产业产值增长了 6.69 倍，远远高于全国第二产业 3.79 倍的增长幅度。2000 年以后，尤其是 2005 年后，西部地区在自身资源禀赋和国家政策的大力支持下，第二产业发展开始进入快速发展的行列。第三产业虽不像第二产业发展迅速，但也与第一产业相似，保持稳定增长的趋势。2001 年西部地区第三产业产值由 6984.79 亿元增长到 2012 年的 42468.04 亿元，增长了 5.08 倍，是三次产业增幅中唯一低于全国 6.17 倍的增幅。西部地区第三产业在全国所占的比重虽也呈稳步上升的趋势，但其在三次产业占全国比重的排名，却由第二位，降到了第三位，而第二产业排名 2009 年赶超了第三产业，排到了第二位，但第一产业仍以显著的优势排在第一位。

表 2-3　　　　2001~2012 年西部地区各产业产值　　　单位：亿元

年份	全国				西部			
	第一产业	第二产业	工业	第三产业	第一产业	第二产业	工业	第三产业
2001	14609.90	49069.10	42607.10	32254.30	3833.07	7430.58	5813.15	6984.79
2002	16117.30	53540.70	46535.70	35132.60	4025.80	8294.80	6407.00	7760.40
2003	17092.10	61274.10	53092.90	38885.70	4450.37	9836.13	7537.86	8668.17
2004	20768.07	72387.19	62815.13	43720.61	5368.82	12229.98	9527.60	9986.37
2005	23070.40	87046.70	76912.90	72967.70	5924.63	14331.62	11839.72	13237.06
2006	24737.00	103162.03	91310.94	82971.97	6396.07	17879.62	14993.32	15251.44

续表

年份	全国				西部			
	第一产业	第二产业	工业	第三产业	第一产业	第二产业	工业	第三产业
2007	28095.00	121381.30	107367.20	100053.50	7645.08	22172.11	18804.21	18046.94
2008	34000.00	146183.40	129112.00	120486.61	9065.13	28018.59	23953.72	21172.86
2009	35226.00	157638.78	135239.95	147642.09	9198.33	31782.86	26588.26	25992.29
2010	40533.60	187581.40	160867.00	173087.00	10701.31	40693.90	34348.74	30013.27
2011	47486.21	220412.81	188470.15	204982.53	12771.16	51039.27	43116.75	36424.54
2012	52373.63	235161.99	199670.66	231406.49	14332.55	57104.21	47811.94	42468.04

资料来源:《中国统计年鉴》(2002~2013年)。

表 2-4 　　　　　　　　**2002~2012年西部地区各产业增长率**　　　　单位:%

年份	全国				西部			
	第一产业	第二产业	工业	第三产业	第一产业	第二产业	工业	第三产业
2002	10.32	9.11	9.22	8.92	5.03	11.63	10.22	11.10
2003	6.05	14.44	14.09	10.68	10.55	18.58	17.65	11.70
2004	21.51	18.14	18.31	12.43	20.64	24.34	26.40	15.21
2005	11.09	20.25	22.44	66.90	10.35	17.18	24.27	32.55
2006	7.22	18.51	18.72	13.71	7.96	24.76	26.64	15.22
2007	13.57	17.66	17.58	20.59	19.53	24.01	25.42	18.33
2008	21.02	20.43	20.25	20.42	18.57	26.37	27.38	17.32
2009	3.61	7.84	4.75	22.54	1.47	13.43	11.00	22.76
2010	15.07	18.99	18.95	17.23	16.34	28.04	29.19	15.47
2011	17.15	17.50	17.16	18.43	19.34	25.42	25.53	21.36
2012	10.29	6.69	5.94	12.89	12.23	11.88	10.89	16.59

资料来源:《中国统计年鉴》(2002~2013年)。

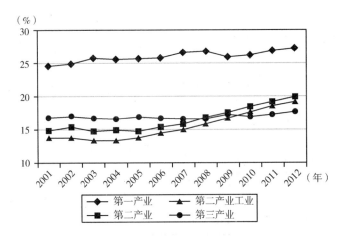

图 2 – 3 2001～2012 年西部地区各产业占全国比重

就全国产业结构而言（见图 2 – 4），2001～2012 年，我国产业结构不断优化升级，产业中心由第二产业逐步向第三产业转移。2001 年，我国三次产业产值的结构比例为 15.23：51.15：33.62，第二产业在国内生产总值中占据主导地位，其次是第三产业，最后是第一产业；2012 年，我国三次产业产值的结构比例为 10.09：45.32：44.59，第一产业和第二产业在国内生产总值中所占的比重进一步下降，降幅分别为 5.14% 和 5.83%，而第三产业在国内生产总值中所占的比重大幅提升，且基本与第二产业并重成为我国经济发展的主导产业。

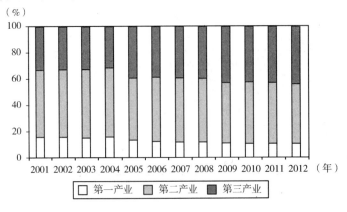

图 2 – 4 2001～2012 年全国产业结构

　　而就西部地区产业结构而言（见图2-5、图2-6和图2-7），2001～2012年，西部地区的产业结构虽然不断优化升级，但产业结构的高度与全国平均水平还存在一定的距离。2001年，西部地区三次产业产值的结构比例为21.00：40.72：38.28，第二产业在国内生产总值中占据主导地位，其次是第三产业，最后是第一产业；但与全国相比，西部地区第一产业所占的比重远高于全国，而第二和第三产业所占的比重则低于全国；2012年，西部地区三次产业产值的结构比例为12.58：50.13：37.28，产业结构进一步提升；第一产业在国内生产总值中所占的比重大幅下降，降幅达到8.42%，而第二产业在西部地区国内生产总值中所占的比重大幅提升，达到50.13%，第二产业成为我国西部地区经济发展毫无争议的主导产业。工业的快速发展，工业总产值在国内生产总值中所占的比重大幅提升，是西部地区第二产业快速发展的主要原因。2001年，西部地区工业产值占第二产业产值的78.23%，而同期全国工业产值仅占第二产业产值则达到86.83%，西部与全国相差8.6个百分点；到2012年，西部地区工业产值仅占第二产业产值上升到83.73%，与全国的差距也缩小到1.18个百分点。但与全国相比，我国西部地区经济发展仍处于由农业主导向工业化发展的阶段，第三产业发展相对比较缓慢。

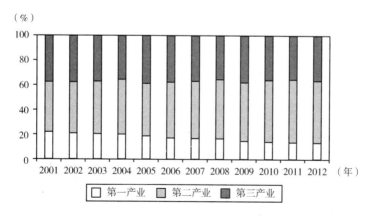

图2-5　2001～2012年西部地区产业结构

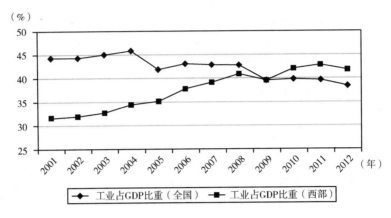

图 2 - 6　2001～2012 年西部地区工业占 GDP 比重

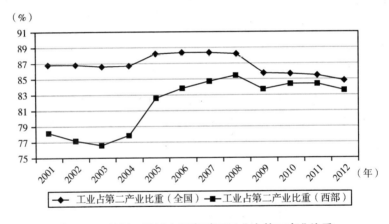

图 2 - 7　2001～2012 年西部地区工业占第二产业比重

二、固定资产投资

　　固定资产投资是建造和购置固定资产的经济活动，经济生活中的房地产开发、基础设施建设、企业生产设备的购置等都属于固定资产投资。固定资产投资是经济社会发展的重要推动力，其不仅在投资当期对生产构成需求，而且形成的固定资产又在长期为经济生产和社会活动的顺利进行提供基础供给，增强经济实力，为改善人民生活创造了物质条件。

从固定资产投资总额来看，西部地区固定资产投资虽然在全国所占比例不高，但其投资规模以快于全国的速度稳步上升，尤其是房地产开发投资增长的速度较快（见表2-5、图2-8）。2001年，西部地区固定资产7158.76亿元，占全国固定资产投资的19.83%，其中房地产投资1010.17亿元，占固定资产投资的14.11%；2012年，西部地区固定资产投资达到89008.59亿元，占全国固定资产投资的24.15%，其中房地产投资15499.61亿元，占固定资产投资的17.41%；12年间西部地区固定资产投资增长了81849.82亿元，增长了11.43倍，高于全国9.06倍的增长规模；房地产投资规模增加了14489.43亿元，增长了14.34倍，不仅高于全国10.31倍的增长规模，也高于西部地区固定资产投资的增长规模。尤其是2005年后，随着西部大开发的持续推进，西部地区房地产投资持续增长，在全国房地产投资中所占的比重也迅速增加，由2004年的15%，迅速增长到2008年的近20%。

表2-5　　　　　　　　2001~2012年西部地区固定资产投资

年份	全社会固定资产投资总额（亿元）		房地产开发（亿元）		房地产开发占固定资产投资比重（%）	
	全国	西部	全国	西部	全国	西部
2001	37213.49	7158.76	6344.11	1010.17	17.05	14.11
2002	43499.90	8515.40	7790.39	1216.90	17.91	14.29
2003	55566.61	10843.52	10153.80	1626.60	18.27	15.00
2004	70477.42	13754.42	13158.25	1985.26	18.67	14.43
2005	88773.61	17645.04	15909.25	2666.23	17.92	15.11
2006	109998.16	21996.94	19422.92	3488.59	17.66	15.86
2007	137323.94	28250.93	25288.84	4863.13	18.42	17.21
2008	172828.40	35948.78	31203.19	6042.46	18.05	16.81
2009	224598.77	49686.34	36241.81	7198.12	16.14	14.49
2010	278121.85	61892.23	48259.40	9743.34	17.35	15.74
2011	311485.13	72103.99	61796.89	12876.80	19.84	17.86
2012	374694.74	89008.59	71803.79	15499.61	19.16	17.41

资料来源：《中国统计年鉴》（2002~2013年）。

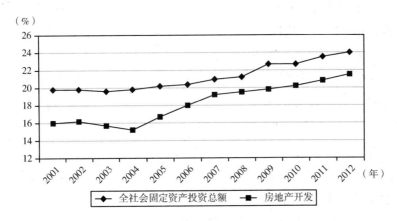

图 2 – 8 2001～2012 年西部地区固定资产投资占全国比重

西部地区的人均固定资产投资与全国的绝对差距虽然不断拉大，但与全国的相对差距不断缩小（见表 2 – 6、图 2 – 9）。西部地区人均固定资产投资额与全国人均固定资产投资额的绝对差距，由 2001 年的 951.64 元扩大到 2010 年的最高值 3582 元，2011 年和 2012 年虽有所下降，但降幅十分有限。但 2001～2012 年西部地区人均固定资产投资额与全国人均固定资产投资额的相对差距却在不断缩小，2001 年西部地区人均固定资产投资额仅相当于全国的 67.36%，到 2012 年这一比例已上升到 88.3%，上升了20.94 个百分点。

表 2 – 6　　　　　　　　　2001～2012 年西部地区人均固定资产投资　　　　单位：亿元

年份	全国	西部	全国—西部	西部/全国
2001	2915.80	1964.16	951.64	67.36
2002	3386.44	2320.90	1065.54	68.54
2003	4299.92	2936.77	1363.16	68.30
2004	5421.84	3704.69	1717.15	68.33
2005	6789.26	4904.67	1884.59	72.24
2006	8368.21	6083.70	2284.51	72.70
2007	10393.17	7783.05	2610.12	74.89

续表

年份	全国	西部	全国—西部	西部/全国
2008	13013.99	9842.95	3171.04	75.63
2009	16827.15	13527.57	3299.59	80.39
2010	20741.28	17159.27	3582.00	82.73
2011	23118.35	19906.32	3212.03	86.11
2012	27672.35	24434.44	3237.92	88.30

资料来源：《中国统计年鉴》（2002～2013年）。

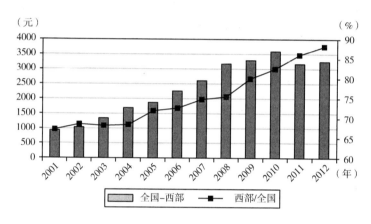

图2-9　2001～2012年西部地区人均固定资产投资与全国差距

　　而就固定资产投资在GDP中所占的份额而言，除2004年略低于全国平均水平外，其余年份均高于全国平均水平，且在GDP中所占的份额增长迅速（见图2-10）。2001年西部地区固定资产投资仅占西部地区GDP的39.23%，到2012年西部地区固定资产投资占西部地区GDP的比重上升到78.14%，上升了近40个百分点。西部地区地域广袤，且多高山，地理环境复杂，基础设施落后，经济欠发达。为改变西部贫穷落后的面貌，国家加大了对西部地区的财政支持力度，大力推进西部地区的基础设施等固定资产建设，使得固定资产投资在西部地区GDP中所占的比重不仅高于全国平均水平且不断提升。尤其是2008年开始，为应对全球性的经济危机，我国政府推行了扩张性的财政政策，进一步加大了固定资产投资在西部地区

GDP 中所占的比重，西部地区经济发展表现为投资拉动型的增长。

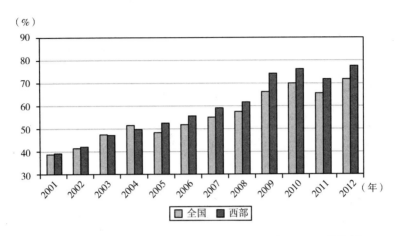

图 2–10　2001~2012 年西部地区固定资产投资占 GDP 的份额

三、对外开放

经济的全球化，使得社会分工和经济发展已经不再局限于一国的范围内。当今世界是开放的世界，随着国际分工的不断加剧，对外开放程度的不断提高，国家与国家间的经济贸易往来，已经成为各国经济中不可或缺的一部分。对外贸易亦称为"国外贸易"或"进出口贸易"，是以政治和地理位置为边界的，一个国家或地区与另一个国家或地区之间进行的商品、劳务、技术等各项商品或服务的交换活动。对外贸易一般由两部分组成，即将另一国家或地区的商品和劳务引进到本国或本地区的进口贸易和将本国或本地区的商品和劳务运到其他国家或地区的出口贸易。改革开放后，我国实行对外开放政策，大力发展对外贸易，不仅为我国经济的发展引进了急需的技术和资金，打开了国际市场，也极大地推动了我国国民经济和社会的发展。

就对外贸易的整体规模而言，我国西部地区的对外贸易规模不断扩大，尤其是近 3 年，在全国对外贸易中所占的份额有较大幅度的提升，对外贸易水平不断上升，但整体规模仍非常小（见表2－7、图2－11）。
2012年，西部地区进出口总额达到2364.04亿美元，占全国进出口总额的
6.11%；其中出口额1487.41美元，占全国的7.26%；进口额876.63美
元，占全国的4.82%。较2001年，西部地区进出口总额增加了2159.6亿
美元，增长了13.03倍，高于全国6.58倍的增长规模近两倍；其中出口额
增长最为显著，12年间增加了1396.91亿美元，增长了15.43倍，是全国
6.69倍的增长规模的2.3倍；而进口额增加了78.7亿美元，增长了10.24
倍，也高于全国6.46倍的增长规模。且西部地区进口额与进出口总额在全国
所占的比重增加了1倍，由2001年的3%多，增加到了2012年的6%以上，
但西部地区的整体对外贸易规模仍非常小，其比例仍未占到全国的1/10。

就人均对外贸易水平而言，西部地区的人均进出口额与全国的绝对差
距也呈持续增加的趋势，与全国的相对差距趋势有所缩小，但差距仍旧十
分显著（见表2－8、图2－12和图2－13）。西部地区人均进出口额与全国
进出口额的绝对差距，由2001年的353.21美元扩大到2012年的2207.2
美元，扩大了185.99美元。但2001～2012年西部地区人均进出口额与全
国人均进出口额的相对差距却在不断缩小，2001年西部地区人均进出口额
仅相当于全国的11.91%，到2012年这一比例已上升到22.72%，上升了
10.81个百分点，其中进口额的上升幅度高于进出口总额和出口额，尤其是
2009年后这一上升幅度尤为明显。随着西部地区经济的不断发展，西部地区
对外技术和商品引进的力度也不断提升，但与全国相比仍有待进一步提高。

表2－7 **2001～2012年西部地区进出口额** 单位：亿美元

年份	进出口总额		进口额		出口额	
	全国	西部	全国	西部	全国	西部
2001	5097.68	168.43	2436.13	77.93	2661.55	90.50
2002	6207.70	206.20	2951.70	88.30	3256.00	117.80
2003	8509.88	279.30	4127.60	116.87	4382.28	162.43
2004	11545.54	367.02	5612.29	161.15	5933.26	205.86
2005	14219.06	451.33	6599.53	193.77	7619.53	257.56

续表

年份	进出口总额		进口额		出口额	
	全国	西部	全国	西部	全国	西部
2006	17603.96	576.67	7914.61	235.51	9689.36	341.16
2007	21737.26	785.89	9559.50	315.54	12177.76	470.34
2008	25632.55	1067.28	11325.62	413.83	14306.93	653.45
2009	22075.35	916.72	10059.23	396.33	12016.12	520.39
2010	29739.98	1283.86	13962.44	563.71	15777.54	720.15
2011	36418.64	1838.98	17434.84	759.74	18983.81	1079.25
2012	38671.19	2364.04	18184.05	876.63	20487.14	1487.41

资料来源:《中国统计年鉴》（2002~2013 年）。

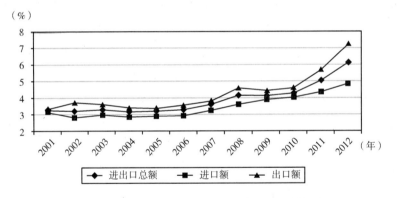

图 2 - 11　2001 ~ 2012 年西部地区进出口额占全国比重

　　而就对外贸易依存度①而言，由于西部地区对外贸易的规模仍十分有限，对外贸易依存度较低（见图 2 - 14）。2001 年西部地区的对外贸易依存度仅为 5.81%，而同期我国经济的对外贸易依存度则高达 33.41%。2001 ~ 2012 年，随着西部地区对外贸易规模的不断扩大，西部地区的对外贸易依存度呈现出持续上升的趋势，到 2012 年已升至 13.07%，但由于总

---

　　①　对外贸易依存度，是指一国对其他国家贸易的依赖程度，一般用对外贸易进出口总额在国民生产总值或国内生产总值中所占比重来表示。

体规模仍十分小，较全国 46.94% 的对外贸易依存度仍有很大的差距。西部地区的经济增长更多地表现为自我发展，对外依赖性较弱，对外开放程度仍有待提高。

表 2-8　　　　　　　2001～2012 年西部地区人均进出口额　　　　　单位：美元

年份	进出口总额		进口额		出口额	
	全国	西部	全国	西部	全国	西部
2001	399.42	46.21	190.88	21.38	208.54	24.83
2002	483.27	56.20	229.79	24.07	253.48	32.11
2003	658.52	75.64	319.41	31.65	339.11	43.99
2004	888.20	98.85	431.75	43.41	456.45	55.45
2005	1087.45	125.45	504.72	53.86	582.73	71.59
2006	1339.24	159.49	602.11	65.14	737.13	94.35
2007	1645.15	216.51	723.50	86.93	921.66	129.58
2008	1930.13	292.23	852.82	113.31	1077.31	178.92
2009	1653.91	249.59	753.65	107.91	900.26	141.68
2010	2217.90	355.94	1041.27	156.29	1176.63	199.66
2011	2702.98	507.70	1294.01	209.75	1408.97	297.96
2012	2855.99	648.97	1342.95	240.65	1513.04	408.32

资料来源：《中国统计年鉴》（2002～2013 年）。

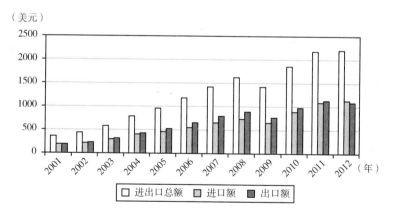

图 2-12　2001～2012 年西部地区人均进出口额与全国差距

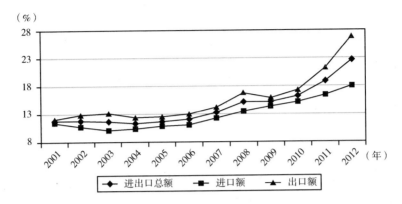

图 2 - 13　2001 ~ 2012 年西部地区人均进出口额占全国比重

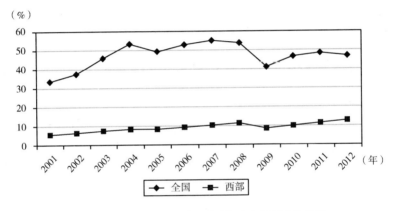

图 2 - 14　2001 ~ 2012 年西部地区对外贸易依存度

四、教育与公共卫生

(一) 教育

进入知识经济时代，科技水平，以及人力资本水平的高低越来越成为决定一国或地区经济发展速度的关键因素。而受教育程度的高低，尤其是高等教育程度，不仅直接决定了一国或地区人力资本水平的高低，而且也直接影响一国或地区的科技创新能力。教育在经济发展中的积极作用缘于人的因素在经济发展中的特殊重要性。高等教育机构作为为社会发展培养高级专门人才，以及从事科学研究的机构，其发展不仅为一国或地区的发展输送大量的"知识型"人才，其科研及创新成果的转化和应用也对一国或地区技术水平的提高，以及生产效率的提升有着举足轻重的作用。

就我国西部地区高等教育机构的整体规模来看，与西部地区地广人稀相对应的，西部地区高等教育学校的数量相对有限（见表2-9）。2001~2012年间，西部地区高等教育机构数占全国高等教育机构的比重一直维持在23%~25%之间，十分稳定。虽然随着我国高等教育机构数量的不断增长，西部地区的高等教育机构也有所增加，但由于我国高等教育机构绝大多数为国家公办，受国家对高等教育整体规划的影响，其数量仍较为有限。而且这些高等教育机构又多位于省会城市，除川、陕两省外，西部其余省份的高等教育机构数量仍相对较少。

就西部地区高等教育的招生规模、在校生人数和毕业生人数来看，西部地区高等教育发展呈稳定上升趋势（见表2-9、图2-15）。2001~2012年西部地区的招生人数、在校生人数和毕业生人数分别增长了111.11万人、413.12万人和114.78万人，扩大了1.89倍、2.68倍和5.17倍，基本与全国的增长水平保持同步。由于我国高等教育招生受国家计划控制，2001~2005年西部地区高等教育的招生规模、在校生人数占全国的比重呈稳定发展略有下降的趋势。2006年开始，为促进西部高等人才的培养，贯彻党的民族政策和科教兴国战略，中央五部委推出了少数民族高层次骨干人才计划。从2006年起，以"211"以上重点大学为培养机构，按照"定向招生、定向培养、定向就业"的要求，定向从西部12省、市、自治区招生。2006年起，西部地区招生规模和高等院校在校生规模占全国的比重快速提升，由2006年的20%左右，上升到2012年的24.64%和23.7%，2010年，毕业生规模也开始不断上升（我国高等教育学制多为3~4年）。

表 2－9   2001～2012 年西部地区高等教育发展状况

年份	全国				西部			
	学校数（个）	招生数（万人）	在校学生数（万人）	毕业生数（万人）	学校数（个）	招生数（万人）	在校学生数（万人）	毕业生数（万人）
2001	1225	268.28	719.07	103.63	298	58.61	153.73	22.19
2002	1396	320.50	903.40	133.70	331	69.10	193.30	27.10
2003	1552	382.17	1108.56	187.75	378	81.91	235.44	38.54
2004	1731	447.34	1333.50	239.12	409	96.33	283.08	49.48
2005	1792	504.50	1561.78	306.80	428	109.02	331.82	63.70
2006	1867	546.05	1738.84	377.47	460	115.98	368.73	79.19
2007	1908	565.92	1884.90	447.79	467	124.84	401.90	95.60
2008	2263	607.66	2021.02	511.95	542	136.97	440.18	105.45
2009	2305	639.49	2144.66	531.10	554	143.55	473.96	110.25
2010	2358	661.76	2231.79	575.42	564	153.36	502.69	123.43
2011	2483	681.50	2308.51	608.16	599	162.73	531.81	132.14
2012	2442	688.83	2391.32	624.73	595	169.72	566.86	136.97

资料来源：《中国统计年鉴》（2002～2013 年）。

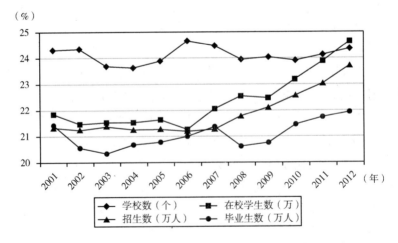

图 2－15　2001～2012 年西部地区高校各指标占全国比重

　　就西部地区每万人高等教育的招生数、在校生人数和毕业生人数来看，西部地区每万人高等教育的招生数、在校生人数和毕业生人数与全国的绝对差距呈现上升后下降的趋势，而相对差距则呈先平稳发展后快速上升的趋势（见表2－10、图2－16和图2－17）。西部地区每万人高等教育的招生数、在校生人数和毕业生人数与全国的绝对差距，由2001年的4.94人、14.16人和2.03人，分别上升至2006年的9.47人，2007年的31.93人和2009年的9.77人的高点后，随着国家在西部地区招生规模的扩大，西部地区每万人高等教育的招生数、在校生人数与全国的差距开始逐渐缩小，而毕业生人数则由于教育年限的时滞效应在2009年后开始缩小。2006年以后，西部地区每万人高等教育的招生数、在校生人数占全国的比重，也由2006年之前的75%左右快速提高，2012年与全国相比西部地区每万人高等教育的招生数、在校生人数已占到了全国的91.58%和88.11%，西部地区高等教育受教育水平已基本接近全国平均水平。

表2－10　　　　　　2001~2012年西部地区每万人高校学生数　　　单位：人

年份	全国			西部		
	招生数	在校学生数	毕业生数	招生数	在校学生数	毕业生数
2001	21.02	56.34	8.12	16.08	42.18	6.09
2002	24.95	70.33	10.41	18.83	52.68	7.39
2003	29.57	85.78	14.53	22.18	63.77	10.44
2004	34.41	102.59	18.40	25.95	76.25	13.33
2005	38.58	119.44	23.46	30.30	92.23	17.71
2006	41.54	132.28	28.72	32.08	101.98	21.90
2007	42.83	142.66	33.89	34.39	110.72	26.34
2008	45.76	152.18	38.55	37.50	120.52	28.87
2009	47.91	160.68	39.79	39.08	129.04	30.02
2010	49.35	166.44	42.91	42.52	139.37	34.22
2011	50.58	171.34	45.14	44.93	146.82	36.48
2012	50.87	176.61	46.14	46.59	155.61	37.60

资料来源：《中国统计年鉴》（2002~2013年）。

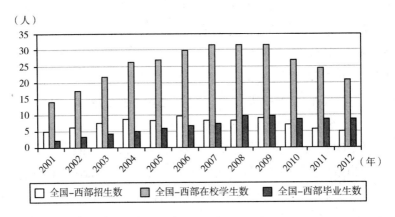

图 2 – 16　2001～2012 年西部地区每万人高校学生数与全国差距

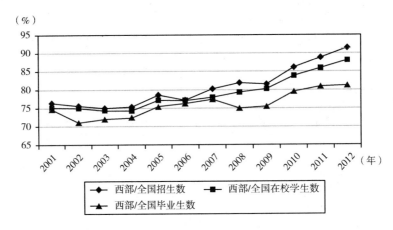

图 2 – 17　2001～2012 年西部地区每万人高校学生数占全国比重

（二）公共卫生

随着经济发展和人民生活水平的不断提高，人们对于健康的追求也不断提升，对医疗、卫生等公共产品的需求也不断增多。在内生经济增长理论下，由于公共卫生投入的增加能够提高健康水平，可以推动人力资本和研发资本存量的增长，进而推动经济的增长。公共卫生是关乎国民健康的重要公共产品，而国民健康水平作为人力资本的重要组成部分，不仅对经济发展产生重要影响，也是现代社会发展的重要标志。

就西部地区医疗卫生发展的整体状况来看（见表 2 - 11、图 2 - 18），2012 年，西部地区卫生机构数、卫生技术人员数和卫生机构床位数，分别较 2010 年的 113624 家、114.26 万人和 83.61 万张，增加了 186631 家、57.32 万人和 77.35 万张，增长幅度率低于同期全国的增长幅度。2001 ~ 2012 年，西部地区卫生机构数在全国所占的比重呈不断下降的趋势，而卫生技术人员数和卫生机构床位数则呈现出平稳缓慢上升的趋势，但上升的幅度十分有限。

表 2 - 11　　　　　　　　2001 ~ 2012 年西部地区医疗卫生发展情况

年份	全国			西部		
	卫生机构数（个）	卫生技术人员（万人）	卫生机构床位数（万张）	卫生机构数（个）	卫生技术人员（万人）	卫生机构床位数（万张）
2001	330348	450.77	320.12	113624	114.26	83.61
2002	306038	427.00	311.30	104641	108.90	81.40
2003	291323	430.60	314.42	103055	109.20	82.85
2004	296492	439.00	325.09	100135	109.87	85.46
2005	298997	446.02	335.08	99894	111.38	87.66
2006	308969	462.41	349.60	101103	113.73	91.26
2007	298408	478.76	349.60	96126	118.50	91.26
2008	278337	503.00	403.65	90311	123.76	108.13
2009	916571	553.51	441.66	280053	138.46	119.75
2010	936927	587.62	478.68	288631	146.85	130.62
2011	954389	620.30	515.99	296651	157.68	142.66
2012	950297	667.55	572.48	300255	171.58	160.96

资料来源：《中国统计年鉴》（2002 ~ 2013 年）。

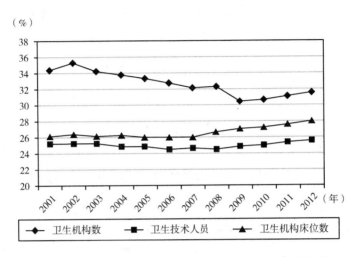

图2-18 2001~2012年西部地区卫生各指标占全国比重

而就西部地区每万人拥有的医疗卫生资源数量来看，西部地区除卫生技术人员外，卫生机构数和卫生机构床位数都高于全国平均水平（见表2-12、图2-19和图2-20）。2001~2012年，西部地区每万人拥有的卫生机构的数量一直高于全国平均水平，虽然这一相对差距有所降低，但绝对差异则从2001年的-0.52家增加到2012年的-1.22家。随着西部医疗卫生机构数量的增加，西部地区每万人拥有的卫生机构的床位数与全国的绝对差距不断缩小，由最初的与全国平均水平相差2.14张，在2010年甚至实现了赶超，到2012年西部地区每万人拥有的卫生机构的床位数已超出全国平均水平1.9张，与此相对应的西部地区每万人拥有的卫生机构的床位数与全国的相对差距也不断缩小，并在2010年实现赶超。而西部地区每万人拥有的卫生技术人员数与全国的绝对差距和相对差距虽然都呈现出不断缩小的趋势，但仍尚未达到全国的平均水平。西部地区医疗卫生机构因其地广人稀，虽然卫生机构数量较多，但拥有的卫生技术人员的数量却相对较少，公共卫生服务缺乏规模效应，且服务质量也有待进一步提高。

表 2 – 12 2001 ~ 2012 年西部地区每万人卫生资源数

年份	全国			西部		
	卫生机构数（个/万人）	卫生技术人员（人/万人）	卫生机构床位数（张/万人）	卫生机构数（个/万人）	卫生技术人员（人/万人）	卫生机构床位数（张/万人）
2001	2.59	35.32	25.08	3.12	31.35	22.94
2002	2.38	33.24	24.23	2.85	29.68	22.19
2003	2.25	33.32	24.33	2.79	29.57	22.44
2004	2.28	33.77	25.01	2.70	29.59	23.02
2005	2.29	34.11	25.63	2.78	30.96	24.37
2006	2.35	35.18	26.60	2.80	31.46	25.24
2007	2.26	36.23	26.46	2.65	32.65	25.14
2008	2.10	37.88	30.39	2.47	33.89	29.61
2009	6.87	41.47	33.09	7.62	37.70	32.60
2010	6.99	43.82	35.70	8.00	40.71	36.21
2011	7.08	46.04	38.30	8.19	43.53	39.38
2012	7.02	49.30	42.28	8.24	47.10	44.19

资料来源：《中国统计年鉴》（2002 ~ 2013 年）。

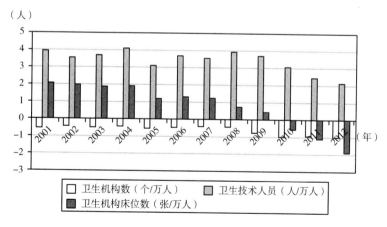

图 2 – 19 2001 ~ 2012 年西部地区每万人卫生资源数与全国差距

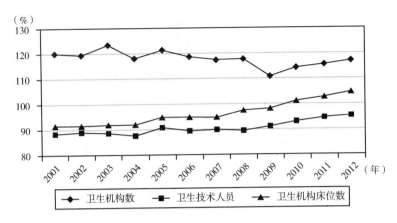

图 2 - 20   2001 ~ 2012 年西部地区每万人卫生资源数占全国比重

五、居民收入水平

居民收入是居民从各种来源所取得的现期收入的总和，居民收入水平直接决定着消费者对各类经济和社会产品购买力水平的高低，而消费水平的高低又决定了一国或地区经济和社会发展水平的高低。因此，一国或地区居民收入水平的高低，是其经济社会发展水平的重要测度指标。

我国居民收入水平一般按城乡划分为城镇居民人均可支配收入和农村居民纯收入。城镇居民可支配收入是指城镇居民通过各种途径获得的收入，在扣除了个人应缴纳的税收及社会保障费等之后，剩余的可供个人自由支配的收入。农村居民纯收入则是指农民全年各种收入，在扣除转移性收入、各项经营费用和税收后，可用于生产和生活的收入。与城镇居民可支配收入一样，农村居民纯收入也是用以衡量收入水平的指标。

表 2 - 13 　　　　　　　2001 ~ 2012 年西部地区居民可支配收入 　　　　单位：元

年份	城镇居民可支配收入		农村居民人均纯收入	
	全国	西部	全国	西部
2001	6859.58	6169.87	2366.40	1755.13
2002	7702.80	6675.20	2475.60	1854.90

续表

年份	城镇居民可支配收入		农村居民人均纯收入	
	全国	西部	全国	西部
2003	8472.20	7204.90	2622.24	1966.30
2004	9421.61	8031.36	2936.40	2191.59
2005	10493.00	8783.17	3254.90	2378.91
2006	11759.45	9728.45	3587.00	2588.37
2007	13785.80	11309.45	4140.40	3028.38
2008	15780.80	12971.18	4760.60	3517.75
2009	17174.65	14213.47	5153.17	3816.47
2010	19109.44	15806.49	5919.01	4417.94
2011	21809.78	18159.40	6977.29	5246.75
2012	24564.72	20600.18	7916.58	6026.61

资料来源:《中国统计年鉴》（2002～2013 年）。

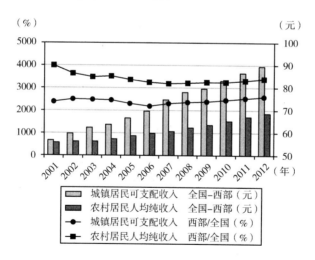

图 2 - 21　2001～2012 年西部地区居民可支配收入

　　但就西部地区人均收入与全国人均收入水平来看（见表 2 - 13、图 2 - 21），西部地区的居民收入水平仍低于全国的平均水平，且绝对差距和相对差距都还在不断拉大。2001 年，西部地区城乡居民人均收入与全国的绝对差距为 689.71 元和 611.27 元，分别为全国人均收入的 89.95% 和 74.17%，而这一趋势不仅未随西部地区经济和社会的发展有所下降，还进一步扩大。2012 年，西部地区城乡居民人均收入与全国的绝对差距增加到 3964.54 元 和 1889.97 元，分别扩大了 4.74 倍和 2.09 倍；而西部地区农村人均纯收入与全国平均相较，虽然稍有所提高，但也仅为全国城乡人均纯收入的 76.13%，仍低于全国平均水平；而西部地区城镇居民人均可支配收入水平与全国平均水平相较不仅没有提升，反而进一步下降了，仅为全国城镇居民人均可支配收入水平的 83.86%。受劳动者知识水平较低、劳动分配制度不合理、产业结构有待进一步提高和主要产品附加值较低等因素的影响，与同期西部地区经济的快速发展相较，西部地区人均收入水平的提高却未能与全国同步，甚至还与全国平均水平的差距进一步扩大，居民收入水平有待提高。

第三节　财政收支水平：　西部与全国比较

财政收入是政府为了维持其政府正常运转，保证各项政府职能的实现，通过税收等途径获取的公共性资金收入；是国家从社会产品分配中所筹集的财政资金。财政收入源于社会产品的分配，其规模取决于社会产品的规模。而财政支出则是政府为满足社会共同需要提供公共产品和服务，实现其各项职能，根据既定的政策、制度进行的财政资金的分配和使用。财政支出是实现国家职能的财力保证，体现政府的政策导向和选择。

一、财政收入规模持续增长

财政收入的多少取决于经济规模和政府的宏观税率，但其本质上还是取决于经济规模的大小。在同等税率条件下，经济规模大的地区的财政收入要高于经济规模小的地区。西部地区地广人稀，交通不便，经济发展的资源禀赋较为匮乏，整体经济规模较小。虽然随着西部大开发政策的推进，西部地区的经济发展速度不断加快，经济规模总量不断扩大，但与其他地区相比整体经济规模的差距仍较大。

就财政收入规模的总量来说（见表2-14）：西部大开发以来，随着西部地区经济的快速增长，经济总量的不断增加，我国西部地区财政收入快速增长，财政收入规模不断扩大。2012年，西部地区财政收入总量较2001年增长了11462.04亿元，是2001年的9.81倍，年均增长22.66%；2012年，全国31个省、市、区地方财政收入总量较2001年增长了53274.99亿元，是2001年的7.83倍，年均增长20.82%；财政收入增长速度超过了同期全国地方财政收入的增长速度。西部12省、市、区中重庆市财政收入的增长速度最为迅速，年均增长率达到28%以上，而甘肃省财政收入的增长速度最慢，年均增长率仅为18.98%，比排第一位的重庆市低近10个百分点。与此同时，西部地区占全国地方财政收入的比重也由2001年的16.67%，上升到2012年的20.90%，上升了4.23个百分点。

表2-14　　　　　　　　　　2001~2012年地方财政决算收入

年份	地方财政决算收入（亿元）			地方财政决算收入增长率（%）		
	全国	西部	西部/全国（%）	全国	西部	西部/全国
2001	6406.06	1127.29	17.60	21.81	15.39	70.54
2002	7803.30	1300.74	16.67	9.12	9.97	109.34
2003	8515.00	1430.45	16.80	15.68	15.31	97.68
2004	9849.98	1649.51	16.75	18.71	20.21	108.00
2005	11693.37	1982.89	16.96	27.29	24.30	89.07
2006	14884.22	2464.82	16.56	22.97	24.12	105.00
2007	18303.58	3059.36	16.71	28.79	33.54	116.51
2008	23572.62	4085.49	17.33	21.54	26.28	122.02
2009	28649.79	5159.19	18.01	13.80	17.39	126.04
2010	32602.59	6056.39	18.58	24.57	30.00	122.11
2011	40613.05	7873.42	19.39	29.38	37.41	127.32
2012	52547.11	10819.03	20.59	16.24	17.97	110.66

资料来源：国研网《宏观经济统计数据库》。

二、财政支出规模不断扩大

瓦格纳法则指出，随着经济和社会的不断发展和国家职能的扩大，为保证国家职能的履行和经济社会的健康发展，财政支出在国民收入中所占的比重将随着国民收入的增加而不断提高。

由财政支出规模的总量来看（见表2–15）：2001~2012年，西部地区财政支出规模不断扩大，由2001年的3422.46亿元，增长到2012年的32269.09亿元，增长了28846.62亿元，是2001年的9.43倍，年均增长23.61%；而2012年全国地方财政收入较2001年仅增长了8.16倍，年均增长21.49%，西部地区财政支出规模的增长幅度远高于全国地方财政支出规模的增长幅度。西部12省、市、区中财政支出增长最为迅速仍为重庆市，年均增长率达到26.49%，而财政支出的增长速度最慢的省份为云南省，年均增长率仅为19.92%，低于排第一位的重庆市近7个百分点。同时，西部地区财政支出规模在全国地方财政支出规模中所占的比重也由2001年的26.06%，上升到2012年的30.11%，上升了4.04个百分点，虽然略低于同期财政收入规模比重的上升幅度，但西部地区整体财政支出规模在全国地方财政支出中所占的比重均要高于同期西部地区整体财政收入规模在全国地方财政支出中所占的比重。西部地区财政支出规模的大幅增长，一方面，由于为落实西部大开发政策，改变西部贫穷落后的面貌，提高西部地区人民生活的水平，中央加大了对西部地区基本建设资金、重点项目建设资金，以及转移支付资金的支持力度；另一方面，随着西部地区财政收入规模的增加，西部地区可支配自有财力规模也不断提升，财政支出规模也随之扩大。

表2–15　　　　　2001~2012年西部地区与全国地方财政决算支出

年份	地方财政支出（亿元）			地方财政支出增长率（%）		
	全国	西部	西部/全国(%)	全国	西部	西部/全国
2001	13134.56	3422.46	26.06	25.64	31.58	123.17
2002	15281.45	4075.70	26.67	16.35	19.09	116.77

续表

年份	地方财政支出（亿元）			地方财政支出增长率（%）		
	全国	西部	西部/全国(%)	全国	西部	西部/全国
2003	17229.85	4344.84	25.22	12.75	6.60	51.79
2004	20592.81	5133.09	24.93	19.52	18.14	92.95
2005	25154.31	6252.71	24.86	22.15	21.81	98.47
2006	30431.33	7626.84	25.06	20.98	21.98	104.76
2007	38339.29	9850.26	25.69	25.99	29.15	112.18
2008	49248.49	13765.73	27.95	28.45	39.75	139.70
2009	61044.14	17580.15	28.80	23.95	27.71	115.69
2010	73884.42	21403.60	28.97	21.03	21.75	103.40
2011	92733.70	27396.68	29.54	25.51	28.00	109.75
2012	107188.34	32269.09	30.11	15.59	17.78	114.10

资料来源：国研网《宏观经济统计数据库》。

　　随着财政支出规模不断扩大的同时，西部财政支出在 GDP 中所占的比重也不断提升。由图 2-22 可见，2001~2012 年，随着中央对西部地区各项投入和转移支付的持续增长，西部地区财政支出在 GDP 中所占的比重呈

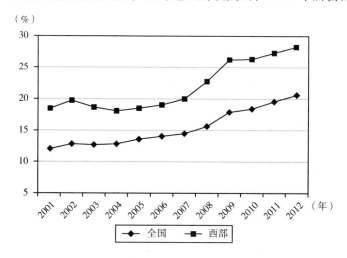

图 2-22　2001~2012 年西部地区与全国财政支出占 GDP 比重

持续上升的趋势，2012 年西部地区财政支出在 GDP 中所占的比重达到
28.32%，较 2001 年的 18.43% 上升了近 10 个百分点。与全国地方财政支
出在 GDP 中所占的比重相较，2001~2012 年，西部地区财政支出在 GDP
中所占的比重均高于全国平均水平。西部地区财政支出在 GDP 中所占的比
重与全国地方财政支出在 GDP 中所占的比重间的差距，虽然在 2002~2006
年有小幅缩小的趋势，但 2007~2012 年，随着国家财政刺激政策的实施，
中央对西部地区财政投入和转移支付力度的加大，这一差距又呈现出逐渐
扩大的趋势。由西部地区财政支出在 GDP 中所占的比重的变动趋势可见，
政府的财政支出对西部地区的经济增长起到了举足轻重的作用，西部地区
的经济增长与东中部地区相比，更多地表现为政府推动型的增长。

三、财政收支非同步增长

由西部地区财政收入增长率的变动趋势可见（见图 2-23），西部地区
财政收入增长率的变动趋势基本与全国地方财政收入增长率保持一致，都
呈波浪形变动。2001~2002 年，西部大开发初期，受税收优惠政策以及
2002 年所得税共享的影响，西部地区及全国地方财政收入的增长速度都出

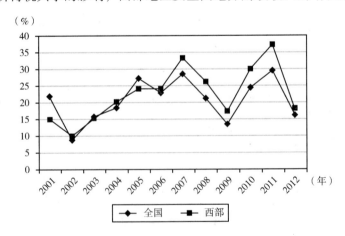

图 2-23　2001~2012 年西部地区全国地方财政收入增长率

现了较大幅度的下降，由 2001 年的 15.39 和 21.81%，下降到 2002 年的 9.97% 和 9.12%，分别下降了 5.42 个和 12.69 个百分点；2002～2007 年，随着经济的持续增长，西部地区及全国地方财政收入也呈现出持续增长的趋势；2008～2009 年及 2012 年，受世界范围经济危机的影响，我国的经济增长放缓，与经济增长速度相对应，西部及全国地方财政收入的增长速度也出现下滑。

　　由西部地区财政支出增长率的变动趋势可见（见图 2－24），西部地区财政支出增长率的变动趋势基本与全国地方财政收入增长率保持一致，都呈波浪形变动。2001～2002 年，中央对西部大开发财政投入趋于稳定，西部地区财政支出的增长速度放缓，同时受西部地区财政收入增长速度下滑的影响，西部地区财政支出的增长速度出现了较大幅度的下降，由 2001 年的 31.57%，下降到 2002 年的 6.6%，财政支出的增长速度下降了近 25 个百分点；2002～2007 年，随着财政收入的持续增长，西部地区财政支出也呈现出持续增长的趋势；2008 年，为应对全球经济危机，中央政府实施积极的财政政策，西部地区的财政支出也受 4 万亿元财政刺激政策的影响而大幅增长，此后，随着财政刺激政策的退出，财政支出增长速度逐步回落。

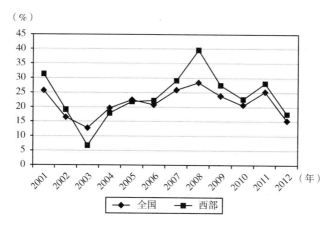

图 2－24　2001～2012 年西部地区与全国地方财政支出增长率

　　虽然，西部地区财政支出增长率受地方财政收入增长率变动的影响，但西部地区财政收支的增长并不同步（见图2－25）。2001～2003年，随着国家西部大开发各项财政政策的实施进入稳定期，西部地区财政支出的增长幅度由西部大开发初期的迅速增长开始大幅回落。2001年西部地区财政支出增长幅度远高于财政收入增长，两者相差超过16个百分点，而到2003年，西部地区财政支出增长幅度却低于财政收入增长超过8个百分点；2004～2007年，由于我国财政政策相对较为平稳，这一阶段西部地区财政支出的增长幅度略低于财政收入的增长幅度，变动趋势较为平稳；而2008～2009年，由于受到扩张性财政刺激政策的影响，西部地区财政支出增长速度迅速提升，西部地区财政收支增长间的差距急速拉大；2010年后，随着财政刺激政策的退出和积极财政政策的调整，西部地区财政收支增长间的差距也呈现出缩小的趋势。2001～2012年，西部地区财政收支增长率差额的变动趋势反映出：一方面，财政支出增长受财政收入的影响，随财政收入的增长而增长；另一方面，财政支出增长还受到国家财政政策的影响，会随着国家政策性投入和扩张性财政政策的实施出现阶段性快速增长现象。

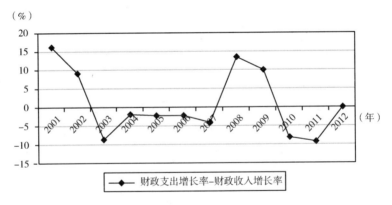

图2－25　2001～2012年西部地区与全国地方财政收支增长率差额

第三章　西部地区财政转移支付政策及其评价

财政是一国政府的"理财之政"。财政不仅是政府的收支活动，也是政府进行社会资源配置，调节收入分配的重要手段。财政活动产生之初的目的是为政府的运转提供所必需的资金，但随着政府在经济社会生活中职能的延伸和扩展，财政收支及政府的各项财政政策已成为优化资源配置，调节收入分配，推动经济发展，维护社会稳定的重要宏观调控手段。对于经济发展较为贫穷落后的西部地区，财政政策，尤其是中央对西部地区的财政转移支付政策对西部地区意义重大。

第一节　我国财政转移支付政策的变迁

19世纪，政府间财政转移支付开始萌生。美国联邦政府当时为了补贴土地开发与利用，将其预算结余下的部分，补助给地方。在分析总结这些现象的基础上，著名经济学家庇古，在1928年出版的《财政学研究》一书中，提出了早期的财政转移支付概念，同时给出了转移支付体系的基本架构。在此之后，人们慢慢开始接受并完善财政转移支付的概念。至20世纪中叶，凯恩斯主义的出现，使得政府作用逐步增强，因而加重了转移支付在政府财政支出中的作用，其所占比例日趋提高。随着这种趋势的蔓延，财政转移支付制度的范围、规模及作用持续扩张，业已成为一种庞大又复杂的体系。从具体概念上看，依据联合国 1990 年颁布的《国民账户制度修订案》，财政转移支付涵盖了货币、商品、服务及金融资产等对象在内的所有权的无偿转移。在实践过程中，政府间的财政转移支付制度主要是指在现有政府间的支出责任规定下，以无偿拨付的方式弥补财政纵、横方向的财政资金失衡，矫正辖区间外溢，稳定宏观经济，促进区位效率，实现其他非经济目标的一项财政资源再分配制度。

我国政府间财政关系的历史演变历经了十几种主要体制的变革，但基本上是沿着由中央集权向分权化改革的总体方向推进的。而我国作为政府间财政关系重要一环的财政转移支付制度，是随着"分级包干"和"分税制"财政体制逐步建立起来的。

一、改革开放前高度集中财政管理体制下的财政转移支付制度

新中国成立初期，百废待兴，为集中财力、统筹全国，满足军事的、经济的和人民生活的需要，我国建立起了高度集中的计划经济体制，及统一财政收支管理的向上高度集中的财政体制，包括开征全国统一的税收，统一全国供给标准、统一现金管理等。

纵观 1949 ~ 1978 年的我国财政管理体制，除个别年份（如 1950 年、1968 年）外，基本是以执行统一领导、分级管理的体制为主。虽然在政策上多次进行调整，但是体制类型并无实质改变，其特征在于：一是以中央政府统一计划为前提，依照行政区划分级管理，实行分级预算，税率调整权、减免权及主要税种的立法权集中于中央财政，其收入指标的设置亦由中央政府来制定。财政收入则是由两部分构成，即固定收入与比例分成收入，规定征收职责由地方负责并分别入库，至于超收部分则需另行确定分成比例，按实际收入的规模，使地方多收多留，少收少留，从而增加了地方财政收入扩张的积极性。二是依照行政隶属关系的不同，制定各级政府的支出框架。按照中央与地方政府的职能划分以及企事业单位间的行政隶属关系，我国规定，中央预算涵盖了中央的企事业及行政单位支出，而地

方的企事业、行政单位支出则全部列入地方预算。三是规定中央政府具有核定地方政府预算支出划分的权力。这实际上是使用地方的固定收入和固定比例分成收入抵补地方预算支出，若存在不足的差额，则由中央划给调剂收入抵补，分成比例实行"一年一定"或"一定几年"。

统一领导、分级管理的财政体制下，中央与地方政府间的财政资金安排实际上形成了一种双向的转移。一方面，当地方收入不足以提供相应的公共品或服务的支出时，其差额资金来源于中央和地方按一定的比例分配的分成收入，以及从中央固定收入中下拨给地方政府的财政资金；另一方面，当中央政府财政产生赤字时，则通过地方政府收入上解的方式弥补中央政府财政赤字；形成了"自上而下"与"自下而上"并行的财政资金调剂模式，这对此后我国转移支付制度的形成产生深远的影响。一直到1978年改革开放之前，我国尚未实行过自主性的地方财政制度，因此中央与地方间并不存在任何真正意义上的财政转移支付。随着经济的发展，经济体制的演变，政治制度的变革，给财政转移支付制度带来了巨大的内在压力和外在驱动力。

二、分税制前"分级包干"财政管理体制下的财政转移支付制度

从1980～1993年，在经济体制重大变革的背景下，对地方政府和国营企业的放权让利是改革的主要基调。20世纪70年代末80年代初开始的经济体制改革，以财政体制改革作为突破口，"分灶吃饭"以调动地方发展经济的积极性。从1980年起，除北京、天津、上海三个直辖市继续实行"收支挂钩、总额分成、一年一定"模式外，其余各省、市、自治区统一实行"划分收支，分级包干""财政包干""比例包干，四年不变""定额上缴或定额补助"等多种运行模式。财政分级包干的体制在1980～1994年是最重要的财政体制形式，而且在1987年后的几年时间内达到顶峰。

所谓财政分级包干或财政包干体制，指的是由中央和地方财政分级管

理，各级政府根据其财政支出需求确定一个财政收入基数。然后根据本地区财政收入能力，初步确定一个可以满足地方收入基数的上级政府间收入分成比例，若地方收入超出该基数或是高于某一增长率阈值，那么需要再进一步进行上下级政府间的分成确定。无论是基数部分还是增收分成部分均属于地方政府的本级财政收入，并具有独立的预算权和使用权。财政的分级包干制大大提高了地方政府组织财政收入的积极性，驱动了地方经济的发展。具体来讲，"分级包干"是以确定的基数为基础进行收支包干的办法，以1979年财政收支预计数为基础，地方收入大于支出的，多余部分按规定比例上交；支出大于收入的，不足部分由中央工商税中确定一定比例拨给地方；个别地方在将工商税全部留地方后仍收不抵支的，由中央给予定额补助。分成比例和补助数额确定以后，五年不变。这种体制在一定程度上使得被补助地方政府增收节支的积极性也调动起来了。1983年和1984年进行的"利改税"两步改革和税制改革是最重要财政改革之一，改国营企业向国家上交利润为开征国营企业所得税，并根据一定的利润基数对国营大中型企业征收调节税。1984年，随着利改税的完成，国家财政收入的主要来源由国营企业上缴利润，转向以税为主。国家与企业之间、中央与地方之间及各个部门之间的分配关系发生了根本性的改变。为适应这一变化，1985年国家开始实行"划分税种、核定收支、分级包干"的新财政体制，并依据中央税、地方税及中央地方共享税划分财政收入的范围，中央税是中央财政收入的主要来源，地方税是地方固定收入的主要来源，而中央地方共享税则作为中央与地方的共享收入；支出范围则依照中央和地方的隶属关系来确定，一些不宜实行包干的专项支出，仍需由中央专案拨款。其后于1988年进行了财政大包干体制改革，是我国财政包干体制的巅峰时期。在如何确定上下级政府收入分成上，根据不同地区的情况，形成诸如"收入递增包干""总额分成包干""总额分成加增长分成包干""上解额递增包干""定额上解包干""定额补助"等多种形式的财政包干。"分灶吃饭"财政体制改革，改变了过去地方财政由中央财政集中进行收入分配的格局，划分了中央政府与地方政府的财权和事权，明确了各级政府财政的责任与权益。随着权利的下放，地方财政的职能进一步扩大，增强了地方财政通过财力分配对经济进行调控的能力，打破了中央过度集中、统得过死的局面，地方成为相对独立的一级财政。在这一时期，地方政府财政开始独立于中央财政，并在经济社会发展中日益发挥着重要的作用。

在"分级包干"财政体制下，虽然我国还尚未形成明确的财政转移支付概念，以及相应的财政转移支付制度，但由于地方财政的独立，中央与地方政府间的财政资金调剂日益频繁，出现了财政转移支付的雏形。"分级包干"财政体制下，中央与地方政府间延续了"自上而下"与"自下而上"并行财政资金调剂模式。当地方政府的财政支出大于其财政收入时，首先从中央和地方共享收入划分相应的比例，弥补地方财政支出缺口；对于中央和地方共享收入全部划归地方，仍不足以弥补地方财政支出缺口的地方政府，则进一步由中央财政进行定额补助；而对于财政收入大于财政支出的地方政府，则对中央政府进行定额上解。但这一时期，为调动地方政府发展经济的积极性，在财政分配制度上将大量的财政权利下放给地方政府，而中央与地方政府间的财政资金调剂模式又客观上"鼓励"了地方支出扩大、减少收入，中央与地方财政间产生了较大的不均衡。由于中央政府财政能力过小，地方政府财政能力过大，中央财政一度陷入困境，这不仅不利于地方财政实现收支平衡，也不利于地方经济的长远发展。

三、分税制财政体制下的财政转移支付制度

"分灶吃饭""财政包干"虽然极大地调动了地方发展经济的积极性，推动了我国持续性的经济高速增长，却也带来了中央财政收入的严重不足，地方条块分割，经济重复建设加剧。一方面，财政包干制固化了上缴中央财政的比例或固定数额，中央财力无法随国家财政收入的增加而同步增长，每年增加的财政收入全部或大部分留给地方，中央却难以得到或是只能得到很少的一部分。但随着市场经济的不断深入，公共服务的需求不

断增加，中央财政支出不断扩大，这进一步加剧了中央财政收支的不平衡。财政赤字的不断累积，使得中央宏观调控政策的贯彻难以得到充分的财力保障，中央对经济宏观调控的能力不断弱化。另一方面，财政包干体制下由于财政收入处置权的下放，使得地方政府的投资动机空前高涨，由于缺乏对地方政府相应的约束机制，使得地方政府为获得更高的既得利益，推行地方保护主义，地方条块分割及经济的重复建设不断加剧，严重损害了经济的健康发展。

为了解决财政包干体制所带来的不良后果，政府可以通过"收权"的方式来避免，而且实际上，在改革过程中，它也曾在一定程度上被采用，但这种做法是不可取的。因为它会引起"体制复归"，即回到改革以前的老路。受当时的经济条件和制度环境的影响，分税制财政体制便成了新的改革方向。分税制打破了原有的按照行政隶属关系组织财政收入的旧体制症结，改变了原来的财政包干下多种体制形式并存的格局，使得中央和省级政府间的财政分配关系相对规范化。不同于以往历次的财政体制改革，1994 年的财政分税体制改革是新中国成立以来调整利益格局最为明显、影响最为深远的一次。

从严格意义上讲，我国政府间财政转移支付制度是随着 1994 年的分税制改革开始登上历史舞台的。在此之前的政府间财政体制中，虽然也存在着上级政府对下级政府的补助，但并不属于严格意义上国际通行的财政转移支付制度。1994 年，我国开始了以分税制为核心的财政管理体制改革，这是我国经济体制改革进一步深入的重要事件。此后，财政体制虽仍不断有动态调整，但过去变动频繁的局面已经改变，具备了一定的稳定性。

与分税制财政管理体制改革相对应的，中央与地方政府间及地方政府相互间的纵向与横向的财政不平衡是财政分权改革的必然产物。为矫正这种不平衡，1994 年伴随着分税制改革的进行，我国政府便提出了将财政转移支付正式纳入财政制度，并随后推出基于因素法的"过渡期转移支付"方案。然而，在分税制改革伊始，由于中央财政的能力有限，使得应用于财政转移支付的财力捉襟见肘，加大了调整各地既得利益的难度。同时，在财政转移支付制度的设计方面，还存在着统计数据不完整、测算方法不完备等技术性的问题。因此，转移支付的规范化建设只能采取分步策略。

1995 年，财政部正式出台了过渡期较为规范的财政转移支付办法《过渡时期转移支付办法》（1995 年出台，1998 年修改），该办法在借鉴国外经验的基础上，充分考虑了我国国情。过渡时期转移支付制度的核心是地区收支均衡，以均等化作为财政转移支付的目标，提出以公式测算各地区标准财政收入和标准财政支出，用以确定财政转移支付的额度。较原来以历史因素作为计量标准确定转移支付额度的基数法，这种以标准财政收支测算的转移支付额度具有明显的科学性和规范性。为进一步促进民族地区的发展与民族团结，过渡时期的转移支付制度还专门设立了民族优惠转移支付政策。

过渡时期转移支付制度建立之后，每年财政部都要对这个过渡期转移支付制度做一些修改和补充，使其不断完善。为适应分税制改革后地方财政收支的变化，实现收支均衡，2002 年过渡期财政转移支付办法改为一般性转移支付，基本做法是：参考国际经验，按照规范和公正的原则，根据客观因素计算确定各地区的标准财政收入和标准财政支出，将其作为财政转移支付的分配依据。最初中央对地方的转移支付有税收返还、体制性补助和转移支付补助及专项补助四大项；2004 年将其调整为税收返还、转移支付和体制补助三类。转移支付包括财力性转移支付和专项转移支付；2007 年之后，税收返还不再计入转移支付单独列支，转移支付仅包括财力性转移支付和专项转移支付两类，体制补助也并入了财力性转移支付；从2009 年开始，财力性转移支付更名为一般性转移支付，而原来的一般性转移支付改名为均衡性转移支付。无论形式如何变化，总体上来看我国财政转移支付形式仍主要分为三大类，即税收返还、一般性转移支付和专项转移支付。

1994 年实施的分税制财政体制改革，虽然仍保持了一部分旧体制的惯性和残余，但属于非委托——代理关系的新型体制，同时亦大大摒弃了原有体制的弊端，具体体现在：（1）分税制是以事权与财权相结合为原则导向，很大程度上硬化了制度约束，削弱了地方向中央讨价还价的动力，从而稳定了制度环境，使得经济行为具有可持续性；（2）分税制通过税种划分方式，使得中央与地方间的税收体制相互独立，使得各级政府更加注重税源和财源的涵养，继而提高了经济效率；（3）税务机构分设，使得中央对地方征收机构的依赖程度减少了，使得中央政府的监督支出降低，减少了"道德风险"与"逆向选择"行为的发生；（4）规范的转移支付制度正式建立，减少了由于制度寻租而导致的经济效率损失。

第二节　财政对西部地区转移支付政策

2000 年，为推进国家西部大开发战略实施，体现国家对西部地区发展的重点支持，国务院制定了包括加大对西部地区的财政建设资金投入、加大对西部地区的转移支付资金支持力度，以及对西部地区的税收优惠等若干财政政策措施。随着西部地区经济社会的发展，以及西部大开发相关财政政策的实施，西部地区的财政状况也随之发生改变。

一、西部地区现行转移支付政策

分税制的实施，客观上要求中央建立一套标准化的转移支付制度，使中央和地方都具有与其事权相对应的财政权利。从 1994 年至今，我国现行财政转移支付形式经过了多次的衍变，目前实行的财政支付体系是建立在分税制基础之上的一种纵向的财政转移支付体系，横向同级政府之间的转移支付虽然在现实中也存在，但并未成为规范的转移支付制度。目前，我国现行的纵向转移支付体系主要包括中央对地方税收返还、中央对地方的一般转移支付和专项转移支付。其中，税收返还包括增值税和消费税返还、所得税基数返还、成品油税费改革税收返还和地方上解；一般转移支

付包括均衡性转移支付、民族地区调整工资转移支付、农村税费改革转移
支付等。

（一）税收返还

税收返还是以分税制的实行为基础，从而形成的一种财政转移支付形
式，也是我国主要转移支付方式之一。现行中央对地方税收返还，主要包
括增值税和消费税返还、所得税基数返还，以及成品油税费改革税收返还
等。从 2009 年起，中央为简化对地方税收返还和转移支付结构，将出口退
税超基数地方负担部分专项上解收入用于冲抵税收返还额。

1. "两税"返还。

"两税"返还的实施方式是核定 1993 年中央将增值税和消费税的收入
按照（消费税 + 75% 的增值税 – 中央下划收入）的计算方式，全额返还地
方，并以此作为以后中央对地方税收返还的基数。1994 年分税制改革，原
属地方支柱财源的增值税和消费税收入（增值税的 75% 和消费税的
100%）上划为中央收入，由中央给予税收返还，返还额以 1993 年为基数
逐年递增。税收返还上逐年增加。递增率按增值税和消费税增长的 1∶0.3
的系数确定。也就是说，若增值税和消费税全国每增长 1%，中央对地方
的税收返还增加 0.3%，相应地，若 1994 年以后中央净上划收入达不到
1993 年的基数，则中央对地方的税收返还额相应地减少。

"两税"返还的计算公式为：

某年度中央对地方的"两税"返还额 = 上年度中央对地方的"两税"返还额

× （1 + 该地方"两税"增长率 × 0.3）

2. 所得税基数返还。

为了更好地规范中央与地方的分配关系，国务院于 2002 年对所得税分
享进行了改革，目的是维护地方的既得利益。所得税分享改革后，除铁路
运输、中国银行、中国工商银行、国家邮政、中国农业银行、中国建设银
行、国家开发银行、中国进出口银行、中国农业发展银行、海洋石油天然
气、中石化、中石油企业缴纳的企业所得税全部属中央收入外，其余绝大

部分企业所得税和全部的个人所得税实行中央与地方分享。

2002 年的所得税基数返还以 2001 年作为基期，按照改革方案确定的范围与比例来计算，若地方分享的所得税收入小于地方的实际所得税数额，那么两者的差额就作为中央对地方的所得税基数返还，若地方分享的所得税收入大于地方的实际所得税数额，则两者的差额就作为地方上解中央的基数，分享比例为 5：5。

所得税基数返还的计算公式为：

某年度中央对地方的税收基数返还额 =（2001 年该地区中央企业所得税实际完成数 + 储蓄存款利息所得税实际完成数 + 个人所得税实际完成数）- 1999 年到 2000 年该地区地方企业所得税年均递增率 × 2000 年该地区企业所得税

所得税收入分享改革实施以来，中央与地方政府之间的分配关系得到了进一步规范。2002 年之后，国务院将共享比例调整为 6：4，中央分享60%，地方分享 40%，中央增加的收入用于对地方的一般性转移支付，以促进区域经济协调发展和深化改革。2004 年，我国实行出口退税机制改革，出口退税由中央财政全额负担改为中央和地方分担。中央财政核定各地所得税基数，对地方净上划中央收入实行基数返还。

3. 成品油税费改革税收返还。

为建立和完善成品油价格形成机制及规范成品油税收返还制度，促进国家节能减排和结构调整，中央于 2009 年实施对成品油税费的改革。改革后中央以地方 2007 年公路养路费等"六费"收入为基数给予返还，实施成品油税费改革之后，中央的财政收入扣除中央本级替代航道养路费之外，对部分困难的群体，公益性事业的补贴，以及用于取消政府偿还二级公路收费补助支出后的部分，均用于成品油税费改革的税收返还，具体额度考虑地方实际情况按一定的增长率确定。2011 年成品油税费改革转移支付额为 581 亿元，2012 年成品油税费改革转移支付预算额为 784亿元。

我国税收虽然不能直接归还给每个纳税人，但整体还是具有返还性的，税收返还也在逐年的增加，其宗旨就是"取之于民，用之于民"。

（二）一般转移支付

一般性转移支付主要包括均衡性转移支付、体制补助、调整工资转移支付、民族地区转移支付、农村税费改革转移支付、缓解县乡财政困难补助和其他财力性转移支付等，其中，均衡性转移支付规模占的比例比最大。

1. 均衡性财政转移支付。

1995 年，中央财政"过渡期的转移支付"制定了规范标准的财政转移支付；2002 年，实施所得税收入分享改革后，明确规定中央因改革增加的收入用于一般性转移支付，由此过渡期的转移支付改为一般性转移支付。一般性转移支付又称体制性转移支付，是指中央政府对有财力缺口的地方政府（主要是中西部地区），根据依法核定的下级政府标准财政需要额与财政支出额的差量及适当的考虑各地区间在资源、人口、贫富等方面存在的差别因素，按照规范的办法给予的补助；2009 年开始，一般性转移支付改名为均衡性转移支付。其计算公式为：

某地区均衡性转移支付 =（该地区标准财政支出 − 该地区标准财政收入）

× 该地区转移支付系数 + 增幅控制调整 + 奖励资金

标准财政收入主要包括本级政府的标准财政收入、中央对地方的财政转移支付资金和扣除地方上解的税收返还两项。标准的财政支出是指，保障政府及事业单位机构正常运转等基本的公共支出需要，主要包括经常性支出，财政转移支付系数是根据当年一般性转移支付的规模和当年各地区的标准收支之间的差额确定的。

这种补助形式不限定资金的具体用途，由接受拨款的政府自主安排使用。一般性转移支付包括纵向转移支付和横向转移支付。纵向转移支付主要是针对财政收支差额的弥补，具体的数额按照因素法确定，横向转移支付的目的是提高贫困地区财政服务水平，具体数额为依法测算的地区税收能力指数和全国税收能力指数的差额。

均衡性转移支付按照公平、公正的原则，参照了可用于财政转移支付资金的客观因素，严格按照标准进行计算。财政能力越低的地区，中央一般性补助程度越高。分税制体制改革以来，均衡性财政补助资金的规模越来越大。2012 年，均衡性转移支付资金达到 8582.62 亿元，占转移支付总额的 18.92%。

　　均衡性转移支付按照公平、公正的原则，严格按照标准进行计算。西部地区经济落后，财政收入能力低，因而获得的中央均衡性转移支付的比例高。尤其是 2002 年所得税收入分享机制改革，明确中央财政收入集中增量主要用于对地方均衡性转移支付以来，中央财政对西部地区的均衡性转移支付资金规模大幅增加。与此同时，中央政府还对均衡性转移支付分配办法进行不断完善与改进，使得标准财政收支体系能更好地反映西部地区因自然、地理、民族等客观因素造成的支出成本差异，更加科学客观地确定对西部的均衡性转移支付额。三江源生态功能区等资源保护性均衡转移支付政策的出台，进一步加强了对西部生态环境脆弱地区的保障。

　　2. 调整工资转移支付。

　　从 1997 年 7 月 1 日起，我国多次调增了机关事业单位在职职员的工资及退休人员的离退费。1998 年，各省也执行了国家统一的调整工资政策和社会保障政策，由于各地的差异比较大，因此对于执行这些政策所增加的支出承受能力也不一样。经国务院同意，根据职工人数等客观因素和各地的财政困难程度，关于调整工资及增加退休费的决定，对于经济发达的东部沿海地区自行解决；对于经济相对落后的地区，中央对财政困难的老工业基地和中西部地区出现的财力缺口给予了适当的转移支付。1999 年以来，中央多次调整相关政策，而且出台了一次性发放年终奖的政策。分配的公式如下：

　　某地区调整工资转移支付 = [（该地区机关和由财政全部补助的事业单位在职职工的人数 + 该地区由财政部分补助的事业单位在职职工的人数 ×60%）× 在职职工的月人均增长额 + 该地区机关事业单位离休的人数 × 离休人数的人均离休费增长额 + 该地区机关事业单位的退休人数 × 退休人数的月人均退休增长额] × 增加机关事业单位在职职工工资和离退休费月数 × 该地区财政转移支付系数

　　调整工资转移支付是为保证国家调整工资改革的顺利进行而出台的，意在对落后地区因政策推行而产生的财力缺口进行弥补的转移支付政策。1998 年，国家实行了统一的工资调整政策，但由于我国各地财力差异比较大，各地财力对于执行工资调整政策所增加开支的承受力也不尽相同。经济发达的东部沿海地区，由于财力充足可自行解决。而经济相对落后的老工业基地和中西部地区，由于工资改革而出现的财力缺口中央财政给予了适当的转移支付。

　　3. 民族地区转移支付。

　　为支持民族地区发展，配合西部大开发战略，国务院决定，从 2000 年起设立民族地区转移支付。中央对地方民族地区转移支付的基本目标是增强少数民族地区的财政保障能力，逐步缩小少数民族地区与其他地区的基本公共服务差距，促进少数民族地区科学发展、社会和谐。主要有两个途径的总量来源：一是中央财政安排的资金，即 2000 年专项增加对民族地区政策性转移支付 10 亿元，今后每年按照上年中央分享的增值税收入增长率递增；二是对内蒙古自治区、广西壮族自治区、西藏自治区、宁夏回族自治区、新疆维吾尔自治区，以及财政体制上视同少数民族地区管理的云南省、贵州省、青海省 8 个民族省区和不是民族省区的民族自治州的增值税为比上年增量的 80%。2006 年，中央政府考虑到同一民族地区的政策，促进民族地区的和谐发展，中央政府又将民族省区和非民族省区的民族自治州以外的民族自治县揽括在民族地区财政转移支付范围。

　　资金分配办法：一是，各民族自治县转移支付额在上一年度分配数基础上，统一按照前 3 年全国国内增值税收入平均增长率确定。用公式表示为：某民族自治县分配数 = 上一年度分配数 × 前 3 年全国国内增值税平均增长率。二是，转移支付总额扣除民族自治县分配数后的部分，在民族省份和民族自治州间分配。其中，70% 部分按照因素法分配，30% 部分考虑各地前 3 年上划中央增值税收入增量情况分配。用公式表示为：某民族省区（或民族自治州）分配数 = 按因素法分配数 + 与上划增值税收入增量挂钩的分配数。其中，按因素法分配数参照中央对地方均衡性转移支付办法计算确定。三是，对于按照本办法分配的转移支付额少于上一年度分配数的民族省区或民族自治州，按照上年实际分配数额下达。

民族地区转移支付则是伴随西部大开发政策的实施，为进一步促进民族的发展而设立的一般性转移支付项目。鉴于我国内蒙古自治区、广西壮族自治区、西藏自治区、宁夏回族自治区、新疆维吾尔自治区，以及财政体制上视同少数民族地区管理的云南省、贵州省、青海省8省区均地处西部地区，因此民族地区转移支付政策可谓是专为西部地区，尤其是西部的少数民族地区发展而设立的转移支付政策。

4. 农村税费改革转移支付。

从2001年开始，我国逐步在部分省市进行试点，推广对现行农村税费制度的改革。根据《国务院关于全面推进农村税费改革试点工作的意见》和全国农村税费改革试点工作电视电话会议精神，财政部于2003年制定了《2003年农村税费改革中央对地方转移支付办法》，农村税费改革转移支付的目的是："确保农民负担得到明显减轻，减轻反弹，确保乡镇机构和村级组织正常运转，确保农村义务教育经费正常需要。"根据《中共中央、国务院关于促进农民增加收入若干政策的意见》中有关规定，从2004年起，取消除烟叶外的农业特产税。

转移支付额的确定，参照税费改革前各地区乡村两级办学、计划生育、优抚、乡村道路修建、民兵训练、村级基本经费及教育集资等统计数据，按照客观因素核定各地区上述各项经费开支需求和税费改革后地方减少的收入额，根据中央对地方转移支付系数计算确定。转移支付额的计算公式为："某地区转移支付额＝乡镇转移支付＋村级转移支付＋教育集资转移支付"。农村税费制改革仅仅是局部性质的改革，它并不是财政管理体制系统化改革的一个组成部分，仅当作是临时的财政转移支付种类。

一是2001年起为了支持地方顺利推进农村税费改革，中央财政建立了对地方农村税费改革转移支付制度，补助系数主要根据各地财力困难程度等客观因素确定，西部地区普遍高于其他地区。二是2004~2006年逐步取消农业税政策，中央财政对地方因改革造成的减收予以适当补助，并主要向中西部地区倾斜。三是对 2006 年开始的深化国有农场税费改革而造成的地方减收给予补助。

5. 缓解县乡财政困难补助转移支付。

2005 年，为驱动财政困难县的经济发展，中央政府积极引导省市级财政增加了支持财政困难县的力度，颁布《2005 年中央财政对地方缓解县乡财政困难奖励和补助办法》，同时，为缓解县乡财政困难的现实状况，还下达了《关于切实缓解县乡财政困难的意见》，力图通过多种举措全方位地缓解县乡财政困难的状况。中央财政对 2004 年财政困难县增加税收收入，省市级政府增加对财政困难县财力性转移支付按一定的系数，并考虑根据各地财政困难程度给予奖励，实施以"三奖一补"为核心的激励约束政策。"三奖一补"也就是指：对财政能力困难的县乡政府增加县乡税收收入，省市级政府增加对财政能力困难县财力性转移支付给予奖励；对县乡政府精简机构及人员给予奖励，鼓励县乡政府提高效率和降低行政成本；对产粮大县给予奖励，以确保粮食的安全，调动粮食生产积极性；对缓解县乡财政困难工作做得好的地区给予额外补助，体现公平的原则。

6. 生态功能区转移支付。

由于长期过度开发，我国重点生态功能区生态环境脆弱，为保证国家生态安全，促进生态文明，自 2008 年起在均衡转移支付项下增设国家重点生态功能区转移支付。2008 年生态功能区转移支付，将天然林保护、三江源和南水北调等重大生态功能区所辖的 230 个县纳入转移支付范围，2009 年进一步将关系全国和较大范围区域生态安全的国家层面的重点生态功能区扩大到 25 个，分为水源涵养型、水土保持型、防风固沙型和生物多样性维护型四大类，新纳入 150 多个县。

国家重点生态功能区转移支付按县测算，下达到省，省财政根据本地实际情况分配落实到相关市县。转移支付选取影响财政收支的客观因素，采用公式化方式进行分配。国家重点生态功能区转移支付用公式表示为：

$$
\begin{array}{l}
\text{某省(区、市)国家重点生态} \\
\text{功能区转移支付应补助数}
\end{array}
=
\begin{array}{l}
\sum \text{该省(区、市)纳入转移支付} \\
\text{范围的市县政府标准财政收支缺口}
\end{array}
\times \text{补助系数}
$$

$$
+ \text{纳入转移支付范围的市县政府生态环境保护特殊支出}
$$

$$
+ \text{禁止开发区补助} + \text{省级引导性补助}
$$

西部的西藏自治区、新疆维吾尔自治区、广西壮族自治区、内蒙古自治区、青海省、贵州省、四川省、甘肃省、云南省集中了大量的国家重点生态功能区转移支付县。

(三) 专项转移支付

专项转移支付又称有条件补助，是指中央政府对所拨出的资金规定了使用方向或具体用途的转移支付方式。安排专项转移支付一般是为了配合宏观调控政策、解决区域性公共产品外溢问题或促进特定公共事业的发展，是一种重要的宏观调控工具。专项转移支付主要包括两个部分：一是中央对地方专项拨款，如对文化、教育、卫生、环保等项目的直接投入，有明确的使用方向和目的的专项用途；二是自然灾害，扶贫等临时性的支出。专项转移支付的规模主要在于转移支付主体和转移支付对象的财力状况，以及转移支付项目的重要程度与耗资水平。总的说来，转移支付主体的财力越大，用于专项转移支付的金额也越多；转移支付对象的财力状况越小，对转移支付的需求也就越大；转移支付项目越重要，耗资水平越高，相应的转移支付安排也就要越多。

专项转移支付主要有三种形式：即无限额配套转移支付、有限额配套转移支付和非配套转移支付。无限额配套转移支付是指中央或者上级政府对指定支出项目的资金转移支付，是根据受援地政府以自有资金在该项目上支出数的一定比例来安排的，地方政府在规定项目上的支出数越大，中央或上级政府相应的转移支付额就越多，不存在上限；有限额配套转移支付是指中央或者上级政府规定了对指定的支出项目转移支付的最高数额，在此数额内，按受援地政府在规定项目上实际支出数的一定比例进行配套转移支付，超过这一数额的，就不再增加拨款；非配套补助是指中央或者上级政府对规定支出项目提供固定数额的资金转移支付，受援地政府根据需要作具体的支出安排，不要求受援地政府在该项目上提供资金。

专项转移支付与一般性转移支付的特点不同。一般性转移支付能够更好地让地方政府了解居民公共服务的实际需求，有利于地方因地制宜落实管理责任和统筹安排财政支出；专项转移支付可以更好地体现中央政府的意图，促进相关政策的落实，而且便于监督检查。完善转移支付制度，关键是要科学设置、保持合理的转移支付结构，发挥各自的作用。

新中国成立以来，在不同财政体制下，都存在中央对地方的专项转移支付。新中国成立初期，在高度集中的财政制度下，专项转移支付的项目较少，数额也较小。在"分级包干"的财政体制下，我国地方财政开始独立，中央在与地方政府在划分收支权限的同时，对于一些不宜实行包干的专项支出，仍需由中央专案拨款。1980 年，中央财政的专项拨款仅为 78.6 亿元，而到 1993 年各类专项拨款增加到 360.3 亿元，增长了 3.6 倍。1994年分税制改革后，特别是 1998 年实行积极财政政策以来，我国各类专项转移支付的项目逐渐增多，数额也快速增加。按照现行中央与地方的事权划分，专项转移支付可以分为中央政府事权范围内的专项转移支付和中央政府及地方政府共同事权范围内的专项转移支付；按照支出项目分类，专项转移支付主要集中在社会保障支出、支援农业支出、基本建设支出和社会救济，还有科教文卫事业的支出，等等。目前，我国财政专项转移支付制度几乎涵盖了各类支出，2012 年，我国财政专项转移支付项目达到了285 项，转移支付金额也达到了 18804.13 亿元，是 1994 年 361 亿元的52 倍。

我国的各项专项转移支付，重点用于教育、卫生医疗、社会保障、支农等公共服务领域。西部地区经济及各项公共服务事业的发展水平较低，而且自有财力低，财政支出缺口大，为落实中央政府的各项政策措施，教育、医疗、社会保障、扶贫开发、节能环保、新能源等多项专项转移支付政策，都重点向西部地区进行倾斜。

二、有效提升了西部地区可支配财力

(一) 转移支付前西部地区财政支出缺口大

西部大开发以后,虽然我国西部地区的财政收入规模持续增长,但由于西部地区经济基础差,其经济规模在全国所占的比重有限。因此,西部地区12省的财政收入在全国地方财政收入中所占的比重十分有限,仅占到全国地方财政收入1/5。虽然随着经济的快速增长,西部地区财政收入也快速增长,且增长速度快于全国同时期地方财政收入的增长速度,但受经济规模总量的限制,财政收入整体规模仍较为有限。与此同时,由于分税制后中央与地方政府财权与事权划分的不对等,2001~2012年,我国地方财政收支缺口不断扩大,尤其是西部地区财政收支缺口不断扩大(见表3-1)。2012年,西部地区财政收支缺口达到19506.31亿元,较2001年的2121.72亿元,扩大了17384.59亿元,扩大了9.19倍,西部地区财政收支缺口年均扩大幅度达到24.6%;而同期全国地方财政收支缺口扩大了8.64倍,年均扩大22.8%;西部地区财政收支缺口的扩大幅度高于全国地方财政收支缺口的扩大幅度。2001~2012年,西部地区财政收支缺口在全国地方财政收支缺口中所占的比重一直居高不下,其中,最低的2004年也占到了全国地方财政收支缺口的35.4%,且2005年后这一比重还有不断提升的趋势,到2012年西部地区财政收支缺口在全国地方财政收支缺口中所占的比重已达到42.3%,占到了全国31个省市区的2/5。

表3-1 　　　　　　　　　2001~2012年地方财政决算收支缺口

年份	全国 (亿元)	西部 (亿元)	西部/全国 (%)
2001	5331.26	2121.72	39.80
2002	6766.45	2645.25	39.09
2003	7379.86	2695.33	36.52
2004	8899.44	3150.20	35.40
2005	10270.09	3787.89	36.88

续表

年份	全国（亿元）	西部（亿元）	西部/全国（%）
2006	12127.75	4567.48	37.66
2007	14766.67	5764.77	39.04
2008	20598.71	8606.54	41.78
2009	28441.55	11523.76	40.52
2010	33271.37	13530.18	40.67
2011	40186.59	16577.65	41.25
2012	46110.05	19506.31	42.30

资料来源：国研网《宏观经济统计数据库》。

（二）转移支付后西部地区可支配财力大幅提升

西部地区由于经济实力薄弱，财政收入能力有限。由表3-2、图3-1可见，2001年，西部地区人均财政收入仅为365.08元，为全国各地区人均财政收入的59.71%；2012年，西部地区人均财政收入达到3503.56元，为全国各地区人均财政收入的77.67%。虽然12年间，西部地区人均财政收入与全国各地区人均财政收入的绝对差距由2001年的246.33元，拉大到1007.26元，增加了760.93元；但西部地区人均财政收入与全国各地区人均财政收入的相对差距，则由2001年的仅相当于全国的59.71%，提升到2012年的77.67%，与全国各地区人均财政收入的相对差距缩小了17.96个百分点。随着西部经济实力的不断提升，财政收入的不断增长，西部地区的人均自有财政收入大幅提高，但仍与全国平均水平有着较大的差距，仅靠西部地区自身的财政收入难以满足地方财政支出的需求。

表3-2　　　　　　2001~2012年地方人均财政收支　　　单位：元

年份	人均地方财政收入			人均地方财政支出		
	全国	西部	西部/全国	全国	西部	西部/全国
2001	611.41	365.08	59.71	1029.14	960.58	93.34
2002	662.89	399.94	60.33	1189.65	1139.52	95.79

续表

年份	人均地方财政收入			人均地方财政支出		
	全国	西部	西部/全国	全国	西部	西部/全国
2003	762.22	458.24	60.12	1333.30	1207.00	90.53
2004	899.57	549.70	61.11	1584.21	1423.01	89.82
2005	1138.32	686.25	60.29	1923.76	1740.88	90.49
2006	1392.46	849.42	61.00	2315.08	2117.57	91.47
2007	1784.06	1132.09	63.46	2901.66	2729.51	94.07
2008	2157.33	1423.62	65.99	3708.42	3798.49	102.43
2009	2443.06	1664.53	68.13	4574.31	4831.70	105.63
2010	3028.77	2182.88	72.07	5510.02	5934.07	107.70
2011	3900.03	2986.87	76.59	6882.67	7563.55	109.89
2012	4510.82	3503.56	77.67	7916.19	8858.32	111.90

资料来源：国研网《宏观经济统计数据库》。

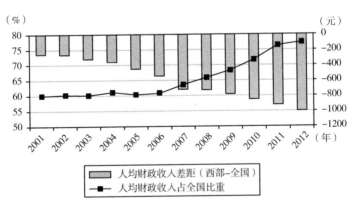

图 3 - 1　2001 ~ 2012 年地方人均财政收入差距

　　在分税制财政体制下，分权带来的中央与地方政府之间的纵向财政不平衡，促使中央政府将部分结构剩余以转移支付的形式转移给地方政府。1994 年实行分税制财政制度，对我国中央与地方政府的财权与事权进行了划分。随着分税制改革财权的上收，有效解决了我国中央政府的财政困难，但事权的下放也带来了地方政府财政收支的不平衡。由于1995年实施的《中华人民共和国预算法》明确规定"除法律和国务院另有规定外，地方政府不得发行地方政府债券"。因此，我国地方政府的财政支出缺口除靠自身收入增长弥补外，主要靠财政转移支付予以弥补。为弥补财政分权带来的地方财政支出缺口，伴随着分税制改革的实行，我国开始建立了一系列中央对地方的财政转移支付制度，且转移支付额度不断增加。2012年的中央财政预算中，中央对地方税收返还和转移支付额达到4.54万亿元，占中央本级收入的80.78%，占到了全国公共财政支出的36.11%。西部大开发战略提出后，中央对西部的转移支付支持力度不断加大。2001~2012年，中央财政对西部地区各类财政转移资金支付累计达8.4万亿元，中央预算内投资安排西部地区累计超过1万亿元，占全国转移支付总量的40%左右。中央财政对西部地区转移支付资金的大力支持有效弥补了西部地区财政支出缺口，缓解了西部地区经济社会发展所需的财政资金不足的问题，推动了西部地区经济社会的快速发展。

转移支付后西部地区人均财政支出与全国各地区人均财政支出的绝对差距不断缩小（见图3-2）。2001年，中央财政转移支付后西部地区的人均财政支出水平由365.08元提升到960.58元，相当于全国各地区人均财

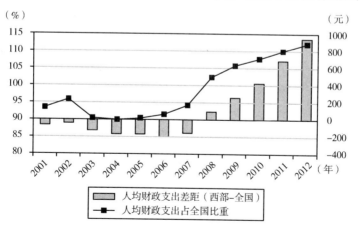

图3-2 2001~2012年地方人均财政支出差距

政支出的93.34%，基本接近全国平均水平；2012年，中央财政转移支付后西部地区的人均财政支出水平由3503.56元，提升到8858.32元，相当于全国各地区人均财政支出的111.9%。经中央财政转移支付后，西部地区的可支配财力大幅提升，尤其是近年来甚至超过了全国人均地方财政支出的平均水平。2001年，西部地区人均财政支出在转移支付前与全国平均水平相差664.06元，仅为全国平均水平的35.47%，而转移支付后这一差距缩小到68.55元，相当于全国的93.34%；2012年，西部地区人均财政支出在转移支付前与全国平均水平相差4412.63元，仅为全国平均水平的44.33%，而转移支付后西部地区人均财政支出高于全国平均水平942.13元，高出全国平均水平11.9%；西部地区的可支配财力状况得到了极大地提升。

中央财政各项转移支付资金不仅充实了西部的财力，有效保证了西部地区公共产品的供给和各项公共事业的顺利进行，也有力地推动了西部地区经济和社会各项事业的发展。西部大开发战略提出后，中央不仅加大了对西部的转移支付支持力度，各类投资重点向西部地区倾斜。中央预算内投资安排西部地区累计超过1万亿元，分别占全国总量的40%左右。先后开工建设了青藏铁路、西气东输、西电东送等187项西部大开发重点工程，投资总规模约3.7万亿元。而各类投资的增加，有效推动了西部地区各项经济和社会事业的发展。由第二章的分析可知，西部地区的经济迅速发展，2012年，西部地区的GDP总量达到113904亿元，较2001年的18248亿元，增长了95656亿元，是2001年的5.24倍，经济增长幅度高于全国同期水平；产业结构也不断优化升级，第一产业所占的比重不断下降，第二产业所占的比重日益提升；固定资产投资规模快速上升，2001～2012年西部地区固定资产投资增长了81849.82亿元，增长了11.43倍，高于全国固定资产投资的增长规模；高等教育发展呈稳定上升趋势，2001～2012年，西部地区的招生人数、在校生人数和毕业生人数分别增加了111.11万人、413.12万人和114.78万人，扩大了1.89倍、2.68倍和5.17倍；医疗卫生机构数量不断增加，医疗卫生资源硬件条件不断改善，每万人拥有的卫生机构的床位数 2010 年超过了全国平均水平；随着经济和社会的发展，西部地区城乡居民收入水平也不断提升，2012 年，西部地区城镇居民可支配收入和农民纯收入较 2001 年分别增加了 14430.31 元和 4271.48 元，增长了 3.34 倍和 3.43 倍。

三、西部地区财政对中央转移支付依存度高

财政分权制度下，财权的上收与事权的下放，使得我国地方财政收支缺口不断扩大。但由于现行财政制度下，地方政府可用于弥补财政收支缺口的手段相对有限，加之我国横向转移支付制度的相对缺失，就造成了我国地方政府，尤其是落后的西部地区政府的财政自给率较低，地方财政支出对中央财政转移支付的依存度高的现状。

依存度这一概念，常用来衡量对外贸易依存度，即一国经济对国际市场的依赖程度。最早由美国经济学家 Brown（1946）提出，后被研究者们应用于其他经济研究领域，用以衡量某一变量对另一变量的依赖程度。其中，外贸依存度最常用的计算方法为对外进出口总额与 GDP 的比值。本书在此基础上以中央对地方财政转移支付与地方财政支出的比值构建财政支出对中央财政转移支付的依存度指标，以衡量我国地方政府财政支出对中央财政转移支付资金的依赖程度。

由表 3－3 和图 3－3 可见，由于中央与地方政府财权与事权的划分不平等，2001~2012 年，我国地方财政支出对中央转移支付的依存度较高，基本维持在 40% 以上；西部地区财政支出对中央财政转移支付的依存度则一直维持在 58% 以上，居高不下，远高于全国地方财政支出对中央财政转移支付的依存度；2001~2012 年，西部地区财政支出对中央财政转移支付依存度与我国地方财政支出对中央财政转移支付依存度的差距最小也相差 17.17 个百分点，且近年来随着西部地区经济实力的不断壮大，财政收入的不断增加，这一差距开始呈现逐步缩小的趋势。

表3-3   2001~2012 年西部地区与全国地方财政支出转移支付依存度   单位:%

年份	全国	西部	西部-全国
2001	40.59	61.99	21.40
2002	44.28	64.90	20.62
2003	42.83	62.04	19.20
2004	43.22	61.37	18.15
2005	40.83	60.58	19.75
2006	39.85	59.89	20.03
2007	38.52	58.52	20.01
2008	41.83	62.52	20.70
2009	46.59	65.55	18.96
2010	45.03	63.21	18.18
2011	43.34	60.51	17.17
2012	43.02	60.45	17.43

资料来源:国研网《宏观经济统计数据库》,《中国财政年鉴》(2002-2013年)。

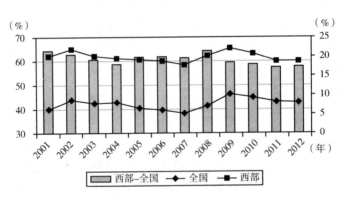

图3-3   2001~2012 年西部地区与全国地方财政支出转移支付依存度

　　而就2001~2012 年西部12省市财政支出对中央转移支付依存度的情况来看(见图3-4),西藏自治区财政支出对中央财政转移支付的依存度最高,高达90%以上;其次为青海省,高达80%以上,位居第二;而重庆市则排在12省市区的最后,财政支出对中央财政转移支付的依存度平均仅

为 47. 94，略高于全国平均水平。12 年间，财政支出对中央财政转移支付
依存度降低最多的省份为内蒙古自治区，由 2001 年的 69. 66% 下降到 2012
年的 54. 68%，下降了 14. 18 个百分点；而财政支出对中央财政转移支付依
存度上升最多的省份为广西壮族自治区，由 2001 年的 49. 19% 上升到 2012 年
的 60. 94%，上升了 11. 75 个百分点。之所以会出现这种情况，一方面是由
于各省市自治区的经济总量的差异，经济增长幅度的差异，而导致的自有财
政收入的高低不同所造成的；另一方面则是由于不同省市自治区所处的地理
位置、少数民族自治、政策导向等多方面因素所造成的。2001 ~ 2012 年，内
蒙古自治区是我国西部地区经济增长最快的地区，其经济增长速度位居西部
12 省市之首。而广西壮族自治区的经济实力和经济增长速度仅处于西部 12
省市的中等水平，但随着中国与东盟自由贸易区的建立，我国对东盟国家战
略的调整，使得广西壮族自治区作为东盟博览会的永久落户地，以及中国—
东盟自由贸易区的桥头堡获得了大量的中央财政转移支付资金。

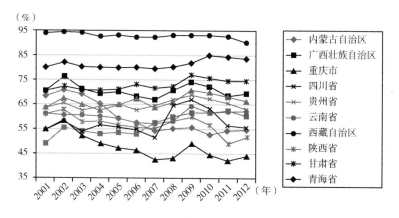

图 3 – 4　2001 ~ 2012 年西部 12 省区市财政支出转移支付依存度

第三节　财政对西部地区转移支付政策的缺陷

鉴于我国经济社会发展的不平衡日趋表现为东、西部地区间的不平

衡，为改善西部地区贫穷落后的面貌，缩小地区间的经济社会发展差距，2000 年，我国正式开始实施"西部大开发"战略。中央财政对西部地区的财政转移支付支持，作为西部大开发的重要政策，不仅有效缓解了西部地区的财力不足，同时也推动了西部地区的经济发展和西部地区基本公共服务水平的大幅提高。但现行转移支付制度下，西部地区的转移支付政策也存在着转移支付政策目标自相矛盾；转移支付种类名目繁杂，地方自主性小；转移支付项目缺乏科学性与规范性，易滋生腐败；转移支付制度使用缺乏相应的监督考核机制，资金效率低；转移支付资金纵向依赖性高，基层财政困难；转移支付导致落后地方政府间的恶性竞争等一系列问题。

一、政策目标自相矛盾

由于我国现行转移支付制度中"两税"返还制度是在基数法定基础上，实行的是按统一比例增量返还制度，因此各地区获得税收返还额的多少直接取决于该地区相应的增值税、消费税和所得税收入的增加值，而税收收入的多少则直接取决于一地区经济发展的速度。我国各地区的经济增长迅速，地区间经济发展的不均衡，使得在同等增长速度下经济实力雄厚的地区其不仅经济增长的绝对值要远高于落后地区，而且获得的税收收入和税收返还也要远高于落后地区。"两税"返还统一的按比例增量返还造成了地区间财力分配的"马太效应"，即经济发达的地区由于税收收入高，因而获得的税收返还多；经济落后地区税收收入低，因而获得的税收返还也就少。而与东部沿海地区相较，西部地区无论整体经济实力，还是经济增长的绝对值都远不及东部沿海地区，因此"两税"返还的主要受益地区集中于东部沿海的经济发达省份。

虽然近年来，税收返还额在我国财政转移支付总额中所占的比重不断下降，2012 年税收返还额在我国财政转移支付额中所占的比重仅为11.23%，但其金额仍达到 5188.55 亿元。等比例增量返还的税收返还制度，一方面是为了保护原财政包干体制下地方政府的既得利益，另一方面则是为了刺激地方政府积极组织税收收入。但就其制度设计而言，税收返还制度加剧了地方政府间财力差距的扩大，与我国通过一般转移支付与专项转移支付均衡地方财力的目标背道而驰。税收返还制度的"马太效应"使得经济基础薄弱的西部落后地区的地方政府，将更多的精力用于加强税收征管，和争取中央财政转移支付资金，而不是涵养税源。其不仅没能成为推动落后地区发展经济，缩小地区差距的推动力，反而一定程度上拉大了地区间经济发展的差距。

二、名目繁杂缺乏科学性与规范性

世界各国的转移支付体系一般由无条件的一般转移支付和有条件的专项转移支付两大部分构成。一般转移支付主要用于平衡不同地区间的财力，其拨款额度一般由公式计算确定，而专项转移支付则是用于资助地方特定项目和公共服务的发展，虽然拨款形式较一般转移支付相比更为多样，但转移支付项目一般也不宜太多。我国现行转移支付制度与世界其他国家相比，不仅是多出了分税制改革中为保护地方既得利益税收返还制度，一般转移支付制度与专项转移支付制度也不尽相同。

纵观我国现行转移支付制度，其一大特点就是各类转移支付形式纷繁杂乱。1995 年起实施了具有均衡特性的过渡期转移支付方案，此后随着我国经济社会改革的不断深入，为了配合中央政策的实施，我国各项转移支付的种类也不断增加。2012 年，我国一般转移支付除了用于调剂地区财力的均衡性转移支付外，还包含重点生态功能区转移支付、产粮大县奖励资金、县级基本财力保障机制奖补资金、革命老区、民族和边境地区转移支付、调整工资转移支付、农村税费改革转移支付、资源枯竭城市转移支付、成品油税费改革转移支付、体制结算补助、工商部门停征两费等转移支付、基层公检法司转移支付、义务教育等转移支付、基本养老金和低保等转移支付、新型农村合作医疗等转移支付、村级公益事业奖补等转移支付 15 项。而这些转移支付项目虽然被划归在一般转移支付项下，但许多项目资金用途却是受到限定的。专项转移支付的项目则更多，2012年，我国专项转移支付项目达到285项，几乎涵盖了所有的预算支出科目，补助对象也涉及各行各业。专项转移支付"不专"，"撒胡椒粉"式的补贴是我国专项转移支付制度的一大写照。我国转移支付不仅形式过于繁杂，而且多头管理，各自为政。各项转移项目设置交叉重复的现象严重，不同主管部门间的多头管理互相推诿，以及我国行政层级多层管理易造成资金截留，使得各项转移支付资金间协同性差，效率低下。

名目繁多的转移支付项目也限制了地方政府的自主性。无条件的一般转移支付在我国除均衡性转移支付外使用范围都有限制，地方政府没有自由支配权。而具有专款专用特点的专项转移支付，地方政府对专项转移支付资金必须按照中央相应的政策规定的用途使用，不得挪作他用。由此可见，我国西部地区除税收返还外获得的各项转移支付仅有一项（均衡性转移支付）是可以自由支配使用的，其他各项转移支付资金的使用都要受中央政府或多或少的限制。而财政分权理论认为，由地方政府提供公共产品和服务更为高效，过多的限制地方转移支付资金的使用范围，不利于发挥地方政府的积极性来改善公共服务和经济社会发展环境，反而会促使地方政府，尤其是落后的西部地区的地方政府将更多的精力用于迎合中央政府，以期获得更多的转移支付。

我国现行财政转移支付制度的资金分配方面，也尚未形成一套科学完善的测算和管理制度。目前，我国各类转移支付中，只有一般性支付是采用因素法，通过相应的公式化计算来分配资金，相对较为规范。一般转移支付在设定其测算指标体系时致力于地区间的财力均衡，西部地区由于财政收支缺口大，财政自给程度低，因此获得的一般性转移支付的比例较高。但在测算范围和指标的选择上，仍存在一定的缺陷，有待进一步改进。如均衡性转移支付中标准财政支出差异系数的确定，虽考虑到西部地区、艰苦边远、人口密度、少数民族等要素，但主要仍侧重于全国范围内的人均财政支出的均衡。而西部地区地广人稀，经济发展和公共服务的规模效应差，同等水平的公共服务较东部人口稠密地区，不仅建设和维护成本高，覆盖范围也相对有限。因此，在同等水平的财政人均支出水平下，东部地区的公共服务水平由于规模经济的存在要远高于西部地区。标准财政支出水平的确定，在考虑均衡性的同时，也应考虑相应的公共服务成本要素。

而专项转移支付项目不仅缺乏一套科学明确的专项转移支付资金申报、审批机制及使用监督机制，而且拨款的依据和标准不规范，拨款随意性大。2012年，审计署发布的审计工作报告指出，285项专项转移支付中，有31项尚未制定管理办法，有25项因投入市场竞争领域、投向交叉重复等需要清理整合。在缺乏刚性制度的约束下，专项转移支付的分配结果主要取决于人为因素的影响。由于项目审批和资金分配不对外公开，就使得专项转移支付成为各地方政府与中央财政博弈的"黑箱"，"跑部钱进"现象较为严重，易滋生腐败。最后造成专项转移支付资金"撒胡椒面"，无法真正体现中央财政的导向和意图。西部大开发后，虽然我国财政一般性转移支付和专项转移支付都开始向西部地区倾斜，但专项转移支付资金的拨付由于不像一般性转移支付由公式计算得出，其项目设立更多地取决于地方政府与中央政府讨价还价的能力，缺乏科学性与规范性，随意性大。而西部地区地处偏远，远离政治中心，是中国政治信息传达的"神经末梢"，加之经济实力薄弱，对整体经济发展的贡献相对较小，处于被接济的地位，与东部发达地区相比其与中央政府的博弈能力弱，在对中央专项转移支付资金的竞争中处于劣势。尤其是对于要求有配套资金的专项转移支付项目，西部地区往往因为无法拿出相应的配套资金而无法得到相应的资金支持。

三、缺乏相应的监督考核机制

我国现行转移支付制度尚没有一套完整的监督和绩效考核机制。我国虽然制定了诸如《一般性转移支付办法》等一系列规范财政转移支付的一般性法规，但与其他国家相比我国现行财政转移支付制度并未上升到法律层面，不仅立法层次低，而且制度的稳定性也较差，缺乏相应的权威性法律。

对转移支付资金使用的监督和考核依赖于各级人民代表大会及预算管理，但财政转移支付资金，尤其是专项转移支付资金拨付的盲目性和不确定性，使得转移支付资金常游离于人大审议及预算监督之外。由于我国中央政府每年都会依据实际转移支付情况增加或减少相应的专项转移支付项目和金额，而且每年各地方向各地人民代表大会提交预算报告的时间早于中央政府预算，因此就造成各地的地方预算编报中转移支付资金编制的不完整。2012 年，审计署抽查的 18 个省本级有 34% 的中央转移支付未编入其年初预算，其中专项转移支付有 53% 未编入其年初预算。转移支付资金使用监督和考核机制的缺失，大大刺激了地方政府对转移支付资金使用的随意性。而且未编入预算的转移支付资金，由于脱离了人大监督和财政预算的管理，易导致中央资金重复投资，或是被挤占挪用，造成资金使用效率低下。

监督和考核机制的缺失，也使得经济发展程度不同的地方政府在利用上级转移支付资金方面的激励也存在显著差别。发达地区由于加大公共产品的投入能有效促进经济的发展，更倾向于将资金投入到公共产品领域，以促进地方经济发展；而落后地区公共产品的投入对地方经济发展的推动作用较为有限，更倾向于将转移支付资金更多地用于扩大财政供养人员，以建立本地政治支持网络，保证地方稳定。

四、资金纵向依赖度过高

中央财政转移支付倾斜带来的巨大成就，使得财政转移支付成为推进落后地区发展、实现地区均衡发展的巨大光晕，常常使人们忽视巨额财政转移支付背后所隐藏的问题。由于中央与地方政府财权与事权的划分不平等，2001~2012 年，我国地方财政支出对中央转移支付的依存度较高，基本维持在 40% 以上。与西部地区获得高额的中央财政转移支付支持相一致的是，西部地区在获得高额和高比例的转移支付资金的同时，其财政支出对中央财政的转移支付的依存度也不断提升。2001～2012 年，我国西部地区财政支出对中央财政转移支付的依存度则一直维持在 58% 以上，居高不下，2012 年达到 60% 以上。过度依赖中央财政转移支付，将造成地方政府严重的依赖心理，易造成"养懒人"的现象。过度的依赖还会使得地方政府将其主要精力用于迎合中央及上级，而忽视地方的公共服务需求，影响公共服务供给效率，造成有限的财政资金的浪费。

　　虽然在我国财政体制内也存在不同地方政府间的横向财政转移支付，但这种转移支付多为支持中央相关帮扶政策而偶发的，并非长期的、稳定的、制度性的。因此，我国的财政转移支付制度可以基本归结为，中央对地方纵向转移支付的单一模式。我国多层级金字塔式的政治体制，也造就了多层级、逐层划拨的财政资金拨付制度，而这种纵向的财政转移支付的拨付会造成一种"层层截留"的局面，即上一级政府会尽可能地将转移支付资金留在本级，而不是拨付到下一级政府，造成基层财政困难，这种局面在对中央纵向转移支付资金依赖程度高的西部地区尤为显著。对中央和上级财政纵向转移支付的高度依赖所造成的基层财政困难，也导致基层政府无法获得足够的资金用以促进经济发展和公共服务水平的提高，带来城乡发展差距的进一步扩大，不利于经济和社会长期、稳定、健康的发展。

五、导致地方政府间的恶性竞争

　　鉴于中国特殊的"官员晋升考核"机制，使得各地方政府官员更多地表现为"以邻为敌"，即地方官员为获得晋升机会，更多地将邻省作为自己的竞争对手，相邻省份的经济增长和基本公共服务水平的提升具有较强的示范性和带动性，最终推动了本地区的经济增长和基本公共服务水平的提升。这也就造成了我国发达地区一般与发达地区相邻，而不发达地区则与不发达地区相邻的地域分布现状。

　　地区间以邻为壑的地方政府竞争，加剧了地方政府对中央财政转移支付的依赖，带来了地方政府规模的膨胀和财政资金使用的低效率。因为，在各个地区资源禀赋不相同的情况下，地方政府在利用上级转移支付资金方面的激励也很不一样。对于那些资源禀赋比较多的地区，由于其在通过有效公共投资发展本地经济方面的优势，在预期其获得转移支付的可能性下降时，会更加倾向于利用自有财政收入提供有效的公共产品投资以发展地方经济；而那些资源禀赋比较少的地区，由于其发展地方经济上的劣势，地方政府将更加去扩大财政供养人口以建立本地政治支持网络或保证地方稳定。转移支付会造成效率损失和扭曲效应，增加政府间的交易成本和不透明性。如果进一步考虑税收成本和由转移支付诱发的腐败，过多的财政转移支付将造成巨大的浪费。除非地方政府遵守财政纪律，并在债务和支出管理上采取谨慎性原则，否则财政分权会加剧财政失衡，并危及整个宏观经济的稳定运行。

第四章　财政转移支付对西部
地区经济增长的影响

瓦格纳法则认为，随着经济社会的发展，政府财政支出占 GDP 的比重将不断上升。与此同时，由于财政支出的增加，政府公共服务职能将逐步扩大，又会带动经济的增长与社会的发展。追求经济增长与社会福利最大化是世界各国的共同目标。改革开放 30 多年来，我国经济改革取得了举世瞩目的成就，财政分权作为我国最为重要的制度变革之一，对经济的持续快速增长起到了重要的推动作用。在我国现有财政分权体制下，一方面，分权带来的中央与地方政府之间的纵向财政不平衡，促使中央政府将部分结构剩余以财政转移支付的形式转移给地方政府；另一方面，经济欠发达地区，因急于摆脱贫穷落后面貌，在经济发展和改善城市基础设施等方面进行了大量的投入，在耗尽了自身财力的同时，对中央财政转移支付的依赖程度愈来愈高。财政转移支付政策对地方政府的经济发展，尤其是对我国经济欠发达的西部地区经济发展的影响值得关注。

第一节　衡量经济实力的指标与研究方法的选择

一、衡量经济增长水平的指标

经济增长一直以来都是衡量一个国家或地区综合实力及社会发展程度

最为重要的指标之一，虽然经济增长并不能代表一个国家或地区综合实力及社会发展水平的全部，但脱离了经济发展的社会发展也必将是无本之木。因此，追求经济增长与发展是一国或地区发展的永恒的主题与目标。而衡量经济增长的指标，伴随着人们对发展认识的不断深化，以及发展内涵的不断扩充。现在人们对于经济增长的考察已不再仅以单一的国民财富增长指标为标准，还要考察经济增长的结构质量。而国民生产总值指标和经济发展的产业结构指标，是衡量经济增长的最常用的数量和结构指标。

（一）国内生产总值（GDP）

国内生产总值（GDP）是指一个国家或地区范围内的所有常住单位，在一定时期内生产最终产品和提供劳务价值的总和。所谓"常住单位"，其内涵与"常住居民"相同。一国的"常住居民"包括：（1）居住在本国的本国公民；（2）暂居（1年以内）外国的本国公民；（3）长期（1年及1年以上）居住在本国的外国居民。也就是说，在一国领土范围内，其居民无论国籍如何，只要符合本国常住居民定义，在一定时期内所生产的最终产品和提供的劳务价值都可算作本国的国内生产总值。国内生产总值的价值形态是指国民经济各部门增加值之和，增加值等于国民经济各部门的总产出减去中间产品和劳务价值后的余额。

（二）人均国民生产总值

人均GDP即人均国内生产总值，顾名思义就是将一个国家一定时期内（通常是1年）实现的国内生产总值（GDP）与这个国家的人口相比得到，是衡量各国人民生活水平的一个标准。对于我国这样的幅员辽阔、人口众多的发展中国家来说，人均国民生产总值往往比国内生产总值更能反映实际的经济发展水平。

（三）产业结构

产业结构是指三次产业间的产业结构，是用于衡量经济发展水平最常用的结构类指标，即第一产业、第二产业、第三产业占国内生产总值的比例。事实证明，随着人类经济社会发展水平的提高，经济结构的发展表现为产业结构的升级或高度化，三次产业结构的重心随经济发展表现出由第一产业逐步向第二产业，再由第二产业逐步向第三产业转移的过程。产业结构的优化升级，又推动着人类经济社会的发展。因此，产业结构是衡量经济活动发展水平的重要结构性指标。

二、研究方法

经济增长一直以来都是经济学研究的核心问题，其研究方法也不断拓展翻新，但主要研究方法大体上可分为理论分析法、投入产出法、统计分析法、计量分析法等。

（一）理论分析法

理论分析方法，是指在经济学现有理论及经验的基础上，运用逻辑推理、演绎、归纳、判断等多种方法，寻找并揭示经济发展与经济增长的客观内在规律，形成相应的经济发展理论，并用其指导经济发展的实践，以期推动经济增长与经济发展。

（二）投入产出分析法

投入产出法，是从宏观经济总体出发，以现有经济理论为基础，通过构建一个或一组线性方程，构造国民经济各部门经济活动的总体框架，描述各部门的生产、分配和消费过程，以期揭示国民经济内部各部门间的有机联系。投入产出分析遵循总产出与总投入之间相平衡的等式关系，因此其分析基本形式是经济增长的各类函数，如 C－D 生产函数、柯布—道格拉斯生产函数、内生增长函数等，都是通过确定经济总量与国民经济生产部门间的生产函数，明确国民经济产出与各生产部门投入之间的函数关系，以分析投入与产出水平。投入产出分析，是对经济效益水平的一种有效的分析方法。但由于在国民经济生产过程中，各生产部门间的内在联系十分复杂，不确定因素众多，也给投入产出分析法的应用带来较大困难。

（三）统计分析法

统计学作为收集、加工和分析数据的方法学，在经济增长和经济发展分析中占有重要的地位。统计分析方法是以数理统计理论为基础，对大量的现实数据资料进行定量分析的方法。现代统计分析方法从研究问题的角度大致可划分为四大类：一是将性质相近的数据进行归类的分类分析方法；二是在所掌握的统计数据中找到基本结构及主要矛盾的结构简化方法；三是运用变量数据间的回归分析来发现其结构关系的相关性分析法；四是运用现有所掌握的数据和变量间关系进行预测的预测分析法。统计分析方法因其科学性和客观性，日益成为了经济分析方法的主流。

（四）计量模型分析法

计量模型分析法是利用计量经济学模型对各项政策或措施实施的结果和效益进行数量分析和评价的方法。计量模型分析法是在计量经济学的基础上，以经济理论为指导，以数理分析方法为手段，考察各经济变量间的关系，检验经济政策效果，预测经济发展趋势的有效工具。计量模型分析方法是在经济理论的指导下，以客观的数据为分析基础，通过模型分析，不仅能够客观地揭示国民经济各部门投入与产出的关系，还能用以分析各项经济政策、制度等变量与国民经济产出之间的关系，因此成为现代经济研究中最为广泛使用的研究方法。

第二节　模型设定与数据处理

本书第二章已对西部地区经济增长的总量及结构指标进行了详细的分

析，我国西部地区的经济增长无论是从总量上来看，还是从结构上来看都取得了长足的发展。为进一步揭示财政转移支付政策对我国西部地区经济增长的影响，本章将采用计量分析的方法，在相关经济理论的指导下，构建财政转移支付政策对经济增长影响的计量经济模型，分析财政转移支付对西部地区经济各产业发展的影响与效益。

一、模型设定

从政府财政支出与经济增长的关系来看，经济学家的大量研究已经证实，政府的财政支出对经济增长具有密切的关系。早在 20 世纪 30 年代，凯恩斯就提出了其著名的乘数效应理论，认为政府投资对经济增长的拉动具有乘数效应。此后，Arrow 和 Kurz（1970）在新古典经济模型的基础上，最早将公共支出引入到宏观经济生产函数中，构建了公共支出与经济增长的生产函数。

$$Y(t) = F(K(t), G(t), L(t)e^{\tau t}) \tag{4.1}$$

其中，$Y(t)$ 为经济产出总量；$K(t)$ 为私人资本存量；$G(t)$ 为财政公共支出存量；$L(t)$ 为劳动力存量；τ 为给定的劳动技术进步率。由于劳动技术进步率给定，在一定时期内的国民经济增长就表现为私人投资与政府投资的函数。在新古典经济增长模型中，鉴于资本的边际报酬递减，经济长期增长依赖技术的进步，政府支出虽然能够对于产出产生正效应，但对经济的增长率并没有持久影响。

Barro（1990）则在 A – K 模型的基础上，将政府支出纳入了内生经济增长模型。

$$Y(t) = F(K(t), I_G(t)) = K(t)^{1-\alpha} I_G(t)^{\alpha} \tag{4.2}$$

其中，$I_G(t)$ 为公共支出流量；α 为公共支出的产出弹性。与 Arrow 将财政公共支出的资本存量引入生产函数不同的是，Barro 则将公共支出的流量直接计入宏观生产函数，其研究认为，内生经济增长的原因是由于公共支出对私人资本具有正效应,从而避免了物质资本边际生产效率的下降,由于规模报酬不变,政府支出将对经济产生持续的增长效应。Barro还进一步将政府支出划分为政府投资性支出和政府消费性支出。政府的投资支出具有生产性,能够直接影响经济增长,而政府消费支出中对家庭的财政转移支付部分虽然无法直接作用于经济增长,但政府消费性支出能够促进人民生活水平的提高。

Barro(1990),Easterly和Rebelo(1993),Devarajan(1996)等国外学者,以及我国学者马栓友(2000~2002)、龚六堂和邹恒甫(2001)、郭庆旺等(2003)、孔祥利(2005)等学者的实证研究也都证实了财政公共支出对经济增长的推动作用。也有一些学者的研究,如Landau(1983),Knoop(1999),庄子银和邹薇(2003)等,得出了不同的研究结论,他们认为政府财政支出的扩大与经济增长呈负相关关系。

而财政转移支付制度作为分级财政制度中调整中央与地方、地方与地方间财政资金分配,处理中央与地方及地方间财政关系的重要财政制度,在我国财政支出中所占的比重不断上升。财政转移支付资金在我国财政支出中所占的比重已由分税制初期的11.4%,上升到2012年的62.77%,财政转移支付已成为我国地方政府财政支出的重要组成部分,对我国各地区经济的发展产生重要的影响。

我国学者郭庆旺、贾俊雪等·(2009)借助多级政府框架下的包含民间经济主体、地方政府和中央政府的两部门内生增长模型,就中央财政转移支付对经济增长的影响进行了理论探讨。其研究发现,中央财政转移支付对经济长期增长的影响在理论上无法获得确定的结论。而通过实证检验则发现,分税制以来我国中央对地方的财政转移支付政策,通过对地方财政公共支出政策的影响,促进了地区经济的增长。

而就财政转移支付与西部地区经济增长的研究方面,我国学者陈志勇(2001)、程骏(2001)、马栓友(2003)、李波(2004)、王迎春(2004)、黄解宇(2005)等的研究指出,分税制改革后,中央对西部地区的财政转移支付有效弥补了西部地区的财政支出缺口,促进了西部地区的经济增

长；但由于财政转移支付结构的不合理，财政转移支付制度的不透明与不
完善等问题，中央对西部地区的财政转移支付政策还有待进一步完善；财
政转移支付对西部地区经济增长的推动力有待进一步提升。刘群（2011）
对西部地区财政转移支付与经济增长效应的实证研究发现，西部地区经济
增长与政府财力之间存在长期、良性的动态协整关系，扩大政府财政转移
支付规模，完善财政转移支付制度，对促进西部地区经济发展具有重要意
义。刘梅（2012）对西部民族地区的实证分析也得出了民族地区财政转移
支付与各项宏观经济指标都得到了较快增长的研究结论。

在马拴友（2000）、郭庆旺和贾俊雪等（2009）、刘群（2011）、刘梅
（2012）等分析框架的基础上，构建财政转移支付与经济发展之间的面板
计量分析模型。

$$Y_{it} = \sum \alpha\, T_{it} + \beta\, Z_{it} + \varepsilon_{it} \qquad (4.3)$$

其中，i 为地区，t 为时间；α、β 为系数；ε_{it} 为随机误差项；Y_{it} 为被解释变
量，代表各地区的经济发展水平；T_{it} 为解释变量，代表各地区的财政转移
支付。考虑到经济发展的其他影响因素，为了更稳健的估计，引入一组控
制变量 Z_{it}。

二、数据选取及处理

实证分析采用我国 31 个省市的省级面板数据进行分析。面板数据含有
横截面、时间和指标三维信息，较截面数据和时间序列数量来说扩大了样
本容量，减少解释变量的共线性使回归结果更加稳健；面板数据能够解决
遗漏变量问题，即内生性问题；面板数据能更好地研究经济行为的动态
性，并使我们能够更好地度量一些横截面模型和时间序列模型所不能识别
的因素；利用面板数据模型可以构造和检验比以往单独使用横截面数据或
时间序列数据更为真实的行为方程。

（1）人均真实 GDP 对数（lny）。根据国家统计局《中国统计年鉴》
2001～2012 年各年度 GDP 及年末人口数测算。为了消除通货膨胀因素的

影响，本书研究模型采用的人均真实 GDP，扣除各年通货膨胀后，按 2000
年不变价格计算。

（2）人均真实第一、第二、第三产业增加值的对数（lny1、lny2、
lny3）。根据国研网《宏观经济数据库》，以及国家统计局《中国统计年
鉴》2001~2012 年各年度第一、第二、第三产业增加值及年末人口数测
算。为了消除通货膨胀因素的影响，本书研究模型采用的人均真实第一产
业增加值，扣除各年通货膨胀后，按 2000 年不变价格计算。

（3）人均真实财政转移支付额对数（lnrt）。根据财政部《中国财政年
鉴》、国家统计局《中国统计年鉴》2001~2012 年各年度中央补助收入及
人口数测算。为了消除通货膨胀因素的影响，本书研究模型采用的人均真
实财政转移支付额，按 2000 年不变价格计算。

（4）人均真实进出口额对数（lnrjck）。根据国家统计局《中国统计年
鉴》2001~2012 年各年度进出口总额，以及年末人民币对美元汇率和人口
测算。为了消除通货膨胀因素的影响，本书研究模型采用的人均真实进出
口额，按 2000 年不变价格计算。

（5）人均真实全社会固定资产投资额对数（lnrgtz）。根据国家统计局
《中国统计年鉴》2001~2012 年各年度全社会固定资产投资额及年末人口
测算。为了消除通货膨胀因素的影响，本书研究模型采用的人均真实全社
会固定资产投资额，按 2000 年不变价格计算。

（6）人均真实城镇居民可支配收入对数（lnrcsr）。根据国家统计局
《中国统计年鉴》2001~2012 年各年度社会固定资产投资额及年末人口测
算。为了消除通货膨胀因素的影响，本书研究模型采用的人均真实城镇居
民可支配收入，按 2000 年不变价格计算。

为了消除通货膨胀因素的影响，本模型所使用的各项数据，均为扣除
各年通货膨胀后，按 2000 年不变价格计算后的值。为了数据的平稳性，模
型所有变量数据均取对数。

第三节　实证检验及分析结论

一、数据描述

在进行财政转移支付总量对经济发展的计量实证模型分析前，首先应对模型中所使用数据进行统计性数据分析。

由表 4 - 1 可见，2001~2012 年，西部地区人均真实 GDP 均值的对数值的均值为 9. 4371，低于全国 9. 7753 的平均水平，西部地区的整体经济实力较全国平均水平和其他地区而言较为落后，经济实力较差。但西部地区人均真实 GDP 对数值的差距要小于全国平均水平，西部地区人均真实 GDP 对数值的标准差为 0. 6391，最大最小值差异为 3. 0585，离散系数为 6. 7719，均低于全国 0. 7232、3. 4358、7. 3981 的平均水平。西部地区人均各产业真实增加值除人均第一产业真实增加值均值的对数值达到了全国平均水平外，第二产业和第三产业真实增加值均值的对数值均低于全国平均水平；而西部地区人均各产业真实增加值的离散系数都小于全国平均水平。就西部地区整体经济发展而言，仍较为贫穷落后；而就各产业发展而言，西部地区第二、第三产业的发展水平与全国平均水平仍存在差距。鉴于东部沿海地区经济实力强，经济较为发达，我国经济发展的东、西部地区间的差距要大于西部地区间的内部差距，因此我国经济整体和各产业发展的离散程度都要大于西部地区内部的离散程度。而就西部地区人均真实财政转移支付总量的水平而言，西部地区人均真实财政转移支付总量均值的对数值为 7. 65，高于全国 7. 22 的均值水平；其离散程度达到 12. 33%，虽然 2001~2012 年西部地区人均真实财政转移支付总量的离散程度较高，但仍低于全国 12. 57% 的离散程度。而就西部地区人均真实进出口额、人均真实全社会固定资产投资额，以及城镇人均可支配收入这些与经济发展紧密相关的控制变量来看，西部地区的均值和离散程度都要小于全国的平均水平。尤其是西部地区人均真实进出口额，要远落后于全国平均水平。

表 4 - 1   变量统计描述

变量	均值		标准差		最大值 - 最小值		离散系数*		样本量	
	全国	西部	全国	西部	全国	西部	全国	西部	全国	西部
LnY	9.7753	9.4371	0.7232	0.6391	3.4358	3.0585	7.3981	6.7719	372	144
lnrY1	7.5258	7.5264	0.5844	0.4912	2.9377	2.1035	7.7646	6.5261	372	144
lnrY2	8.9702	8.5969	0.8061	0.7580	3.7215	3.4332	8.9863	8.8173	372	144
lnrY3	8.8582	8.5226	0.7704	0.6051	4.0777	3.0055	8.6969	7.0996	372	144
lnrt	7.2189	7.6538	0.9086	0.9440	4.9723	4.2984	12.5863	12.3332	372	144
lnrjck	7.8993	6.9131	1.6033	0.9289	7.0500	5.2047	20.2971	13.4365	372	144
lnrgtz	9.0927	8.9145	0.8616	0.8540	3.7139	3.5505	9.4755	9.5794	372	144
lncsr	9.3926	9.2679	0.4523	0.3866	2.0320	1.4588	4.8159	4.1715	372	144

注：离散系数（Coefficient of Variance）：标准差与均值之比，常用统计指标之一，主要用于反映单位均值上的离散程度，离散系数 = 标准差/均值。

二、实证分析结果

面板数据是一组既有横截面维度（n 个个体），又有时间维度（T 个时期）的平行数据。根据截面维度与时间维度的不同，可分为短面板与长面板。T 较小，而 n 较大的面板数据称为"短面板"数据，而 T 较大，n 较小的面板数据则称为"长面板"数据。根据本书所使用面板数据的截面维度与时间维度，属于"短面板"数据。对于短面板数据的回归分析，可进行混合回归模型、个体固定效应模型与随机效应模型，而究竟应采用哪种模型进行回归则应通过相应的检验进行判断。

（一）经济发展

首先，借助财政转移支付与经济发展的面板计量分析模型，考察人均财政转移支付与人均 GDP 的相关性。由表 4 - 2 的实证分析结果可知，全国和西部地区个体固定效应和随机效应检验的 prob 值均为 0. 0000，强烈拒绝原假设，个体固定效应和随机相应的估计结果要明显优于混合回归。而由表 4 - 3 的豪斯曼检验可见，豪斯曼检验的 prob 值也为 0. 0000，否定了随机扰动项与解释变量不相关的假设，应采用固定效应模型而非随机效应模型进行相关估计。

表 4 - 2　　　　2001 ~ 2012 年财政转移支付与经济发展实证分析结果

变量	OSL		FE		RE	
	全国	西部	全国	西部	全国	西部
lnrt	- 0. 0650 * (0. 0356)	- 0. 0985 ** (0. 0354)	0. 0399 ** (0. 0187)	0. 0204 (0. 0351)	- 0. 013 (0. 0162)	0. 0011 (0. 0301)
lnrjck	0. 1569 *** (0. 0233)	0. 1003 *** (0. 0279)	0. 0597 *** (0. 0133)	0. 0176 (0. 0164)	0. 1090 *** (0. 0113)	0. 0411 ** (0. 0183)
lnrgtz	0. 5011 *** (0. 0663)	0. 6874 *** (0. 0740)	0. 2365 *** (0. 0215)	0. 2136 *** (0. 0403)	0. 2727 *** (0. 0223)	0. 3426 *** (0. 0424)
lncsr	0. 2411 *** (0. 0902)	0. 0992 (0. 1212)	0. 7282 *** (0. 0402)	0. 8946 *** (0. 099)	0. 6660 *** (0. 0408)	0. 7238 *** (0. 0899)
_cons	2. 1849 *** (0. 4834)	2. 4504 *** (0. 6789)	0. 0252 (0. 2037)	- 1. 9622 *** 0. 5116	0. 2723 (0. 2081)	- 0. 6168 (0. 4694)
R-squared	0. 9697	0. 9701	0. 9868	0. 9899	0. 986	0. 9899
F	561. 12 ***	228. 76 ***	6317. 61 ***	3125. 66 ***		
Wald chi2					22352. 07 ***	9066. 68 ***
Prob > F/chi2			0. 0000	0. 0000	0. 0000	0. 0000
sigma_u			0. 2105	0. 2053	0. 0983	0. 0725
sigma_e			0. 0641	0. 0611	0. 0641	0. 0611
rho			0. 915	0. 9187	0. 7014	0. 5852

注：以下各实证分析结构中，小括号中的数值均为 robust 标准差；*、**、*** 分别表示在 10%、5%、1% 的置信水平上显著。

表 4 - 3   2001～2012 年财政转移支付与经济发展实证分析的豪斯曼检验

变量	全国		西部	
	(b－B) Difference	sqrt (diag (V_b－V_B)) S. E.	(b－B) Difference	sqrt (diag (V_b－V_B)) S. E.
lnrt	0. 0529	0. 0120	0. 0193	0. 0285
lnrjck	－ 0. 0493	0. 0088	－ 0. 0234	0. 0065
lnrgtz	－ 0. 0362	0. 0063	－ 0. 1289	0. 0215
lncsr	0. 0622	0. 0145	0. 2708	0. 0744
_cons	－ 0. 2472	0. 0693	－ 1. 3455	0. 3790
chi2	53. 96		41. 91	
Prob > chi2	0. 0000		0. 0000	

由财政转移支付与经济发展的个体固定效应面板估计结果可见，2001～2012 年，我国及西部地区人均财政转移支付与人均 GDP 呈正相关，人均转移支付额的增长推动了我国及西部地区人均 GDP 的增长，财政转移支付对经济发展起到了积极的推动作用。但财政转移支付资金的增加对我国经济增长的推动作用，尤其是对西部落后地区经济增长的推动作用却十分有限。2001～2012 年，我国人均财政转移支付额与人均 GDP 的相关系数仅为 0. 0399，即我国中央对地方的人均财政转移支付额每增长 1 个百分点，人均 GDP 仅增长 0. 04 个百分点；而西部地区财政转移支付资金对经济增长的相关系数更低，仅为 0. 0204，中央对西部地区的人均财政转移支付额每增长 1 个百分点，人均 GDP 仅增长 0. 02 个百分点。各控制变量中对西部地区经济增长影响最为显著的是城镇居民人均可支配收入，西部地区城镇居民人均收入每增长 1 个百分点，人均 GDP 增长 0. 89 个百分点，高于城镇居民人均可支配收入对全国人均 GDP 影响 0. 17 个百分点。社会固定资产投资，西部地区人均社会固定资产投资每增长 1 个百分点，人均 GDP 增长 0. 21 个百分点，与全国 0. 23 的平均水平相差无几；而对西部地区人均 GDP 增长影响最小的则是人均进出口额，其每增长 1 个百分点，仅能推动西部地区人均 GDP 增长 0. 0176 个百分点，不仅低于全国 0. 0597 的平均水平，甚至还低于人均转移支付增长对西部地区人均 GDP 的推动力度。

就中央政府的财政支持而言，中央政府对西部地区的财政转移支付资金支持是推动西部地区经济增长的有效因素之一，但其对经济增长的推动作用不仅十分有限，而且其推动力度也不及其他地区。我国中央政府对西部地区的各项财政转移支付资金支持中，一般性转移支付和专项转移支付对西部地区的支持力度最大。由于我国西部地区财政收入水平较低，基础设施较为落后，基本公共服务水平也较低，因此中央政府对西部地区的各项财政转移支付资金主要用在弥补维持西部地区财政基本支出所形成的支出缺口，改善西部地区基础设施水平诸如铁路、公路等各项基础设施建设支出，以及提高西部地区教育、医疗等基本公共服务水平的财政支出上。

　　中央政府对西部地区的财政转移支付资金对经济增长的推动作用十分有限，而且其推动力度也不及其他地区，其可能的原因主要有：一是我国现仍处于市场需求较为旺盛，经济快速发展的阶段，这一阶段生产要素如收入、投资等对经济发展的推动作用更为直接和显著。二是投资于西部地区基础设施建设和公共服务的财政转移支付资金，虽然有效提高了西部地区的基础设施和公共服务水平，为经济发展奠定了相应的基础，但由于西部地区地处我国内陆深处，多高山、高原，地理环境复杂，交通不便，人口稀少，各类道路等基础设施，以及教育、医疗基本公共服务设施，较经济发达、交通便利、人口稠密的东部而言，不仅建设和维护成本高昂，且规模效应低，因此中央对西部地区财政转移支付对经济增长的推动作用要低于全国的平均水平。三是由于西部地区公共产品投入对地方经济发展的推动作用较为有限，就使得西部地区地方政府更倾向于将获得的可自由支配的财政转移支付资金更多地用于扩大财政供养人员，以建立和维护本地政治支持网络，保证地方稳定。近年来，西部地区地方政府规模不断扩大，其财政支出规模占 GDP 的比重已达到28.33%，高于全国地方财政支出占 GDP20.65%的比重 7.67 个百分点。西部地区财政支出对中央财政转移支付的依赖程度也不断提高，现已达到60%，西部地区地方政府规模的扩大，与西部大开发后中央对西部地区巨额的财政转移支付资金支持密不可分。

　　就收入而言，改革开放后，我国经济迅速增长，经济实力大幅提升，人民收入水平也不断提高，而收入水平的提高又有效推动了经济的发展。

我国经济整体仍处于发展中国家，人民收入水平相对较低，而需求却十分旺盛。因此随着收入水平的提升，人民的生产和生活需求得到了极大的释放，而旺盛的需求增长又推动了生产的发展和经济的快速增长。理论上，受不同收入水平边际消费倾向的影响，这种由收入增加推动的经济增长，在经济发展越落后的地区表现越为明显。由于我国正处于经济和居民消费水平快速增长的阶段，因此可支配收入的增加显著影响我国人均 GDP 增长，且这一影响力在经济发展和人民生活水平都较为落后的西部地区尤为显著。

就投资而言，投资是拉动我国经济发展的"三驾马车"之一。西部地区地处我国内陆深处，仅依靠其自身经济发展所能够形成的投资十分有限，经济发展的资金缺口大。随着西部大开发政策的实施，在国家各项政策支持的大力推动下，我国掀起了一股对西部地区投资的热潮。2001 ~ 2012 年，我国西部地区人均社会固定资产投资不断增加，且与全国的差距不断缩小。固定资产投资的快速增长对经济发展也起到了显著的推动作用，虽仍不及居民收入增加的推动力，但固定资产投资增长仍是推动我国西部地区经济发展的重要因素。

(二) 三次产业发展

由财政转移支付与各产业发展实证分析的豪斯曼检验（见表4 - 4）可见，豪斯曼检验的 prob 值除西部地区第一产业及全国第三产业模型外，其余显著为 0.0000，西部地区第一产业及全国第三产业模型个体固定效应和随机效应检验的 prob < 0.05，强烈拒绝原假设，否定了随机扰动项与解释变量不相关的假设，应采用固定效应模型而非随机效应模型进行相关估计。

表 4 - 4   2001 ~ 2012 年财政转移支付与各产业
发展实证分析的豪斯曼检验

变量	第一产业		第二产业		第三产业	
	全国	西部	全国	西部	全国	西部
chi2	28.20	13.30	29.43	38.46	89.33	37.00
Prob > chi2	0.0000	0.0428	0.0000	0.0000	0.0428	0.0000

由财政转移支付与各产业的个体固定效应面板估计结果（表4-5）可见，2001~2012年，我国及西部地区人均财政转移支付与各产业人均产业增加值呈正相关，人均转移支付额的增长推动了我国及西部地区各产业人均产业增加值的增长，但其推动作用，尤其是对西部地区第二产业的推动作用仍十分有限。从西部地区人均财政转移支付与各产业人均产业增加值的相关系数来看，2001~2012年我国西部地区人均财政转移支付额对各产业人均产业增加值的增长贡献最高的是第一产业，我国中央对西部地区人均财政转移支付额每增长1个百分点，人均第一产业增加值将增长0.0863个百分点，基本接近全国0.0937的平均水平。第三产业，西部地区人均财政转移支付额每增长1个百分点，人均第三产业增加值将增长0.0408个百分点，低于全国0.0635的平均水平。第二产业，西部地区人均财政转移支付额对人均第二产业增加值增长的影响力度仅为0.0182，远低于全国0.0716的平均水平，且并不显著。

表4-5　　　　　　　　　　2001~2012年财政转移支付与各
产业发展实证分析结果

变量	第一产业		第二产业		第三产业	
	全国	西部	全国	西部	全国	西部
lnrt	0.0937 *** (0.0278)	0.0863 ** (0.0449)	0.0716 *** (0.0295)	0.0182 (0.0576)	0.0635 *** (0.0217)	0.0408 (0.0460)
lnrjck	0.0125 (0.0197)	−0.0202 (0.0201)	0.1199 *** (0.0210)	0.0619 ** (0.0270)	0.0178 (0.0154)	0.0052 (0.0216)
lnrgtz	0.2819 *** (0.0320)	0.1382 *** (0.0516)	0.4166 *** (0.0340)	0.2717 *** (0.0661)	0.0857 *** (0.0250)	0.1940 *** (0.0528)
lncsr	0.0304 (0.0598)	0.6620 *** (0.1266)	0.3672 *** (0.0636)	1.0101 *** (0.1624)	1.0206 *** (0.0467)	0.9388 *** (0.1297)
_cons	3.1803 *** (0.3028)	−0.3612 (0.6546)	0.268 (0.3221)	−3.7541 *** (0.8398)	−2.1061 *** (0.2367)	−2.2558 *** (0.6705)
R-squared	0.9419	0.9681	0.9737	0.9793	0.9815	0.9808

变量	第一产业		第二产业		第三产业	
	全国	西部	全国	西部	全国	西部
F	1366.88 ***	970.50 ***	3125.02 ***	1515.29 ***	4459.71 ***	1631.04 ***
sigma_u	0.5250	0.2574	0.2899	0.3058	0.3300	
sigma_e	0.0954	0.0781	0.1015	0.1002	0.0746	
rho	0.9680	0.9157	0.8909	0.9030	0.9514	

注：*** 表示在1%的置信水平上显著。

通过农村税费改革转移支付、缓解县乡财政困难补助转移支付、生态功能区转移支付，以及中央各项财政支农资金专项补贴，西部地区第一产业获得了大量的中央财政补贴，也有效推动了西部地区第一产业的发展。中央对西部地区教育、卫生医疗、社会保障等多项基本公共服务的财政转移支付支持也推动了西部服务业的发展。而中央财政转移支付资金增加对西部地区第二产业发展的推动作用却十分有限。一方面，由于我国西部地区工业化水平相对较低，中央用于工业改造以及科技创新等多项财政转移支付资金多流向了东部工业发达地区；另一方面，中央财政对西部地区的无条件转移支付大部分用于弥补西部地区人员经费开支缺口及"政绩工程"建设，只有很少一部分能用于支持工业化进程。而由第二章西部地区产业结构状况的分析可知，西部地区经济发展已经由以农业为主导阶段，转向以工业发展为主导的阶段，2001~2012年，第一产业在西部国内生产总值中所占的比重大幅下降，第二产业在西部国内生产总值中所占的比重大幅上升，达到50%以上，已成为我国西部地区经济发展的主导产业。而由于中央财政转移支付对西部地区第二产业发展的推动作用十分有限，也就造成了财政转移支付资金对西部地区经济增长的推动作用十分有限的状况。

第五章 财政转移支付对西部社会发展的影响

　　发展是人类社会的永恒主题，在人类社会不同的发展阶段，人们对于发展的认识也在不断改变。20世纪90年代以来，"发展"的内涵进一步扩大，如今人们对于发展的认识已经不再单单体现为经济的增长，而是进一步把发展观的视角从"物"，转向了"人"，转向了人的需求满足和人的发展，即人类发展。随着"发展"内涵的不断拓宽，以人均GDP为代表的各种单维指标已远远不能满足测量的需要，人们开始探索一套能综合反映人类发展的多维指标体系，各种综合评价指标，如物质生活质量指数（PQLl）、社会进步指数（ISP）、可持续经济福利指数（ISEW）、真实进步指数（GPI）、ASHA指数和人类发展指数（HDI）也就应运而生。其中，以联合国开发计划署推出的人类发展指数（HDI）应用最广，影响最大。而国家和政府社会管理者的职责决定了，无论是中央还是地方政府的财政支出必然肩负着推动社会及人类全面发展的重要责任。

第一节　人类发展指数及测算

　　1990年，联合国计划署（UNDP）编制的《人类发展报告》（Human Development Report，HDR）中，首次使用人类发展指数（Human Development Index，HDI），取代单纯的经济发展指数GDP，来描述各国家的人类社会发展的程度。自 1992 年起，UNDP 每年都编制一份《人类发展报告》，至今已发布了超过 20 份《人类发展报告》，人类发展指数已成为世界上影响力最大、影响范围最广的人类社会发展测度指数。

一、人类发展指数（HDI）

面对 20 世纪 70 年代后期，许多发展中国家在经济增长的同时，出现的失业率上升、贫困人数增加，贫富分化加剧，许多人的生活条件不但没有随着经济的增长获得改善，反而更加恶化，国际劳工组织和世界银行提出了基本需求理论，认为发展的目的是为了满足人们（特别是穷人）的基本需要。80 年代，著名经济学家阿马蒂亚·森（1984）提出，发展的目的是提高人们实现理想并有所成就的能力，森的能力论将人们的注意力转向自我发展所需要的各种能力。1990 年，马赫布卜·乌·哈克领导的联合国开发计划署人类发展报告研究团队在综合基本需要论和能力论的基础上，明确提出发展的根本目的是改善所有人的生活。发展应当以人为中心，经济增长只是实现这一目的的手段，而不能被当作是目的本身，人类发展指数也应运而生。

联合国计划署在《人类发展报告》中明确指出，人类发展就是要创造一种环境，在这种环境中民众可以充分发挥他们的潜力并实现他们需要的、有益的、建设性和创造性的生活。人民是各国的真正财富，发展的目的是为了实现民众所向往的生活从而扩大他们的选择。经济增长只是扩大人们的选择的一种工具。扩大人们的各种选择范围的最基本途径是能力建设。人类发展是一个不断扩大人们选择权的过程。最关键的选择权包括拥有健康长寿的生命、受教育和享受高品质体面生活的权利。

（一）体面的生活

体面的生活水平是对一系列要求的综合反映，既包括令人满意的收入水平，也包括对其他自然资源和社会资本的拥有。从人类发展的角度来看，消除贫困不仅要求提高收入水平，同时也要求提高贫困人口生活的社会环境和自然环境。

（二）受教育的权利

教育水平会影响人们对生活方式的认识和追求，教育水平更高的人常常会要求拥有更高质量的生活，而清洁舒适的环境则是高质量生活重要的组成部分。因此，具有更高教育水平的人往往对自身所处的环境质量有更高的要求，而不是单一地追求物质财富的增加。当物质财富的增加需要以破坏环境和资源的可持续性为代价时，教育水平的提高将会使人们对过度的资源需求产生内在的克制。

（三）健康长寿的生命

长寿而健康的生活是人类发展视角的中心，享有长寿（而不是壮年就过早死亡）及在活着的时候享受好日子（而不是过一种痛苦的、不自由的生活）的可行能力，是我们每个人都珍视而且向往的（森，1999）。人的一切活动都必须建立在健康地活着的基础之上，对健康的要求需要洁净的水、清新的空气和整洁舒适的环境。

二、人类发展指数的构成及其测算方法

（一）人类发展指数的构成

人类发展指数是由四个指标构成的一个综合指数，反映了人类发展的健康、知识及体面的生活水平三个维度。联合国计划署 2010 年版的《人类发展报告》对人类发展指数的指标进行了重新选择，由之前以出生时预期寿命来衡量的健康长寿水平，以成人识字率和综合入学率共同衡量的知识水平，以及以人均实际 GDP 来衡量的体面的生活水平，调整为以出生时预期寿命来衡量的健康长寿水平，以平均受教育年限和预期受教育年限共同衡量的知识水平，以及以人均 GNI（国民收入）来衡量的体面的生活水

平的综合指数（见图 5 - 1）。

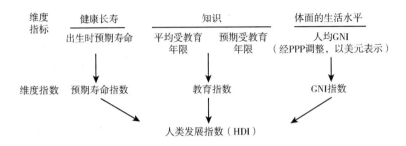

图 5 - 1　2010 年《人类发展报告》中人类发展指数构成

（二）人类发展指数的测算方法

人类发展指数（HDI）是对人类发展情况的一种总体衡量。它从人类发展的三个基本维度衡量一国取得的平均成就，分别是：健康长寿、知识的获取及生活水平。人类发展指数是衡量每个维度取得的成就的标准化指数的几何平均数，其测算过程一般分为两步。

第一步，建立维度指数。通过无量纲化，为每个维度建立次级指数，将指标的数值转化为 0 和 1 之间的指数。在对人类发展指数进行合成之前，首先要对各分项指数进行无量纲化处理，得到各维度指数。计算方法为：

$$M_i = \frac{X_{ij} - \min F_i}{\max X_{ij} - \min F_i} \tag{5.1}$$

其中，$\max X_{ij}$ 代表最大值自变量；$\min F_i$ 是假定不变的最小值；M_i 代表原指标值 X_{ij} 无量纲化后的指标值。对教育维度而言，首先将式（5.1）应用于两个次级教育指标，分别得出指数并计算其几何平均数，之后，再将该几何平均数重新代入公式（5.1）计算。

第二步，将次级指数合成人类发展指数。人类发展指数是三个维度指数的几何平均数：

$$\text{HDI} = M_1^{\frac{1}{3}} \times M_2^{\frac{1}{3}} \times M_3^{\frac{1}{3}} \tag{5.2}$$

三、人类发展指数的改进

自人类发展指数诞生的 20 多年来，其三个基本维度始终保持着一致性，而人类发展指数指标的选取、阈值的选择、测算方法则经过大大小小近 10 次修订①。2010 年的人类发展指数无论是在指标选取、阈值的选择，还是测算方法的选择上都进行了修订，是历年来变动最大的一次。

（一）指标的改进

考虑到平均受教育年限所使用的国家在增多，统计上具有可比性，且预期受教育年限与从年限上重构知识维度的吻合度更高，2010 年版人类发展指数以平均受教育年限和预期受教育年限取代成人识字率和综合毛入学率作为知识指标。而经济的全球化使得一国的居民收入与国内产值之间的差异日益增大，GNI 较 GDP 更能反映一国居民的真实生活水平，新版人类发展指数以人均 GNI 代替人均 GDP 作为体面的生活水平指标。新版人类发展指数仍继续保留预期寿命指标作为健康长寿维度的代表性指标，并保留了体面的生活水平指标的对数形式。

（二）阈值的改进

早期人类发展指数的阈值是从数据集中产生，为了避免由于其他国家变化而对另一国造成的影响，从 1994 年起采取外在预先设定最大最小值的方法，设定最大最小值固定不变。2010 年版的人类发展指数的最大值和最小值的选择采取两者当中折中的方式：最大值为 1980 ~ 2010 年各国实际观察指标的最大值，而最小值是能被视为最低生活标准的合适的数值或自然的零值。这一方法在采用几何平均算法合成人类发展指数时，可以做到对阈值的处理既避免了阈值设定时的主观性，又不影响不同单位和不同时期

---

① 汪毅霖：《人类发展指数测度方法的改进路径与方向》，《西部论坛》2011 年第 7 期。

的比较。

(三) 计算方法的改进

在 2010 年版 HDR 中,人类发展指数的合成方法的变化是最为颠覆性的,由原三个维度指数的算术平均数(式(5.3)),变为三个维度指数的几何平均数(式(5.2))。所有人类发展指数维度不完全的可替代性,是针对线性合成公式最严厉的批评之一,而几何平均数(式(5.2))则允许各个维度之间完全的可替代性[①]。

$$\text{HDI} = \frac{1}{3}M_1 + \frac{1}{3}M_2 + \frac{1}{3}M_2 \qquad (5.3)$$

第二节 西部地区省级人类发展指数测算[②]

人类发展指数诞生至今,学术界就对其存在众多争议。但随着 1992 年开始联合国开发计划署各年度《人类发展报告》的出版,人类发展指数成为现今影响最为广泛的社会发展水平测度指数。联合国开发计划署早在 2006 年的《人类发展报告》就曾指出,"中国在一些方面经历了历史上人类发展最快的进步"。随着我国人类发展指数排名的不断提升,学者们也开始利用人类发展指数对我国各地区的社会发展进行研究。Lai(2001,2003)专门分析了中国国内各省市间的数据,我国学者覃成林、罗庆(2004),宋洪远、马永良(2004),赵志强、叶蜀君(2005),杨永恒、胡鞍钢等(2005,2006),吴映梅等(2008)也利用人类发展指数数据对我国的地区差距进行了一系列的研究,但测算方法多是基于 1994 年版

---

① UNDP. 2010b. A 20th Anniversary Human Development Discussion with Amartya Sen [EB/OL]. UNDP Homepage,[2011 – 06 – 01]. http://hdr. undp. org/en/media/Amartya-Sen-interview-transcript.

② HDI 指数的测算数据来源于《中国统计年鉴》(2001 – 2013 各年)、《中经网统计数据库》、国研网《宏观经济统计数据库》,以及中国知网《中国经济社会发展统计数据库》。

《人类发展报告》确定的人类发展指数的计算方法。2010年版人类发展指数计算方法的革命性变革，使得之前基于旧版测算方法的研究不再具有延续性。

鉴于2010年HDR颠覆性的变革，为描述长时间跨度下不同地区和不同人类发展指数组别的人类发展水平变化，UNDP在新旧版本的人类发展指数之间采取了一种折中的做法，构建了所谓的"混合人类发展指数"（Hybrid HDI）。其定义是：采用2010年《人类发展报告》中的全新函数形式，即新算法，而所用指标则与2009年《人类发展报告》中完全相同（包括预期寿命、成人识字率、综合毛入学率和人均GDP），这就保证了指标和阈值的稳定性。

本章拟采用2010年新版人类发展指数的计算方法对2001～2012年我国各省市的人类发展指数进行测算。鉴于我国各省的统计数据未有对GNI的统计，本书仍旧以原人类发展指数的GDP指数作为衡量体面的生活水平的指标。因此，本书所测算的人类发展指数与新、旧人类发展指数及混合的人类发展指数都不具有可比性，是运用我国现实可得的数据和最新的方法对我国各省市人类发展水平的重新测度。

一、指标及数据

在计算我国31个省市的各维度指数时，首先要确定人口出生时的预期寿命、平均受教育年限、预期受教育年限及人均GDP。

（1）人均GDP。根据国家统计局各年度《中国统计年鉴》公布的GDP及年末人口数测算。

（2）出生人口的预期寿命。2000年和2010年为国家统计局《中国统计年鉴》根据人口普查数据计算公布的出生人口的预期寿命。其他年度的出生人口预期寿命则按照内插法和外推法估计。其中，2000～2012年各年的预期寿命指数按内插法推算，2010年以后的数据按外推法计算。

（3）平均受教育年限。根据国家统计局各年度《中国统计年鉴》公布的各省市受教育程度按公式（5.4）进行估算。除 2000 年和 2010 年为第五次和第六次人口普查数据外，其余年份的平均受教育年限根据统计年鉴公布的人口抽样调查数据估算。

$$PE = \frac{6 \times P_{小学} + 3 \times P_{初中} + 3 \times P_{高中} + 4 \times P_{大专以上}}{P((P = P_{小学} + P_{初中} + P_{高中} + P_{大专以上}))} \quad (5.4)$$

其中，P 为人口数。

（4）预期受教育年限。根据朱清香等（2009）[①] 提出的预期受教育年限的改进计算方法，即式（5.5）进行估算。

$$YE = \sum_{i=1}^{4} w_i \times h_i \quad (5.5)$$

其中，h_i、w_i 分别代表学龄儿童、小学、初中及高中升学率和受教育年限的权重（$w_1 = 6$，$w_2 = 3$，$w_3 = 3$，$w_4 = 4$）。学龄儿童的升学率为小学毛入学率，其余各级升学率则根据升入学校的招生人数与毕业学校的毕业生人数的比值进行估算。

二、无量纲化

需要说明的是，按照 2010 年版人类发展指数的无量纲化方法，教育指数的自变量 X_{ij} 为平均受教育年限和预期受教育年限无量纲化后的几何平均数，而体面的生活指数的自变量 X_{ij} 及其阈值 $\max X_{ij}$ 和 $\min F_i$ 要首先进行对数处理。为便于国际比较，除人均 GDP 的阈值采用 2009 年 HDR 的阈值外，本书其余指标的阈值均采用 UNDP2010 年 HDR 的阈值（表 5 - 1）。

[①] 朱清香、谢姝琳、李强：《关于预期受教育年限测算的改进》，《统计与决策》2009 年第 9 期。

表 5 - 1 　　　　　　　　　　　　　　指标及阀值 　　　　　　　　　　单位：年

指　　　标	阀　　　值	
	最大值（Max）	最小值（Min）
预期寿命	83.2	20
平均受教育年限	13.2	0
预期受教育年限	20.6	0
教育指数	0.951	0
人均 GDP*	149875.24 元	374.69 元

注：为便于进行国际比较，我们使用与 2009 年 UNDP 采用的最大值 40000 美元、最小值 100 美元相对应的人均 GDP 的最大值和最小值。根据 UNDP 的统计，按汇率计算的 2007 年中国人均 GDP 为 20169.46 元，按 PPP 计算的总额为 5383 美元，这样按汇率计算的 GDP 和按 PPP 计算的人均 GDP 的最大值 40000 美元和最小值 100 美元折合成按汇率计算的最大值和最小值分别为 149875.24 元、374.69 元。

三、我国西部省级人类发展指数

各指标经无量纲化处理后可得到相应的维度指数，根据公式，可计算得到的 2001 ~ 2012 年我国各省市的人类发展指数（HDI）及经济、教育、健康各维度指数[1]。

由 2001 ~ 2012 年我国各省市人类发展指数及其各维度指数的均值和标准差可见（图 5 - 2、图 5 - 3、图 5 - 4），我国和西部地区人类发展指数及其各维度指数的均值均有较大幅度的提高。就人类发展水平而言，我国及西部地区，尤其是西部地区的人类发展水平大幅上升。2001 年，西部地区的人类发展指数均值为 0.55，刚刚越过 UNDP 的分类标准中[2] 0.5 的中等人类发展水平国家与低等人类发展水平国家的分界线，而到 2012 年西部地

---

[1]　2001 ~ 2012 年我国各省市人类发展指数（HDI）及经济、教育、健康各维度指数计算结果，详见本书附表 1 ~ 附表 4。

[2]　UNDP 将所有国家按照 HDI 值分为三类：HDI 值在 0.8 ~ 1 之间为高等人类发展国家，HDI 值在 0.5 ~ 0.799 之间为中等人类发展水平国家，HDI 值在 0.5 以下为低等人类发展水平国家。

区人类发展指数的均值上升到0.73。12年间,西部地区的人类发展水平上升了32.78%,已接近UNDP的分类标准中0.8的中等人类发展水平国家与高等人类发展水平国家的分界线,处于中高等人类发展水平。而同期全国31个省市人类发展指数的均值均高于西部地区,但其增长幅度为29.51%,低于西部地区的增幅。由于人类发展水平快速提升,西部地区人类发展指数均值与全国人类发展指数均值间的差距也呈现出持续缩小的趋势。2012年,这一差距已缩小到0.046,西部地区人类发展水平基本达到全国人类发展平均水平,社会发展取得了长足的进步。

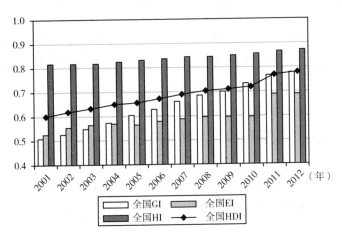

图5-2 2001~2012年我国人类发展各指数均值

注:HDI为人类发展指数,HI为健康指数,EI为教育指数,GI为体面的生活指数(经济指数)。

就人类发展各维度指数来看,全国和西部地区三大维度指数中体面的生活指数均值的上升幅度最大,达到52.79%和65.17%;其次为教育指数,分别上升了31.23%和28.30%;健康指数的上升幅度最小。我国改革开放和经济建设成就巨大,人民的物质生活水平显著提升,而健康和教育虽然也取得了不小的发展,但其提升幅度则要明显落后于经济发展的幅度。但还应看到,无论是全国还是西部地区的教育指数各年度的均值都要低于体面的生活指数和健康指数的均值,教育是我国人类发展进步中的一

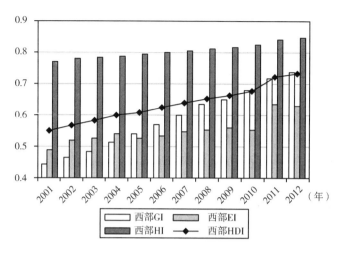

图 5 - 3 2001 ~ 2012 年我国西部地区人类发展各指数均值

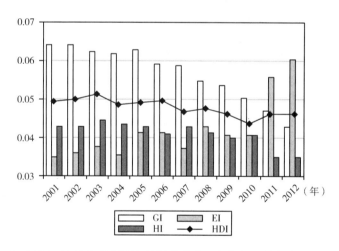

图 5 - 4 2001 ~ 2012 年我国西部地区人类发展各指数均值与全国均值的差异

块"短板"。而就西部地区与全国各省市人类发展各维度指数的均值差距来看,西部地区体面的生活指数与健康指数平均水平与全国的差距不断缩小,尤其是体面的生活指数差距缩小了 33.25%,健康指数的差距也缩小了 18.39%。但西部地区教育指数与全国教育指数均值的差距非但没有缩小，还出现了进一步拉大的趋势。我国教育资源，尤其是高等教育资源分配的不均衡，以及西部地区人才吸引力差，都影响着由预期受教育年限和平均受教育年限决定的我国西部地区教育指数的提高，而教育指数差距的拉大，也影响了我国西部地区人类发展水平与全国平均水平间差距的进一步缩小。

第三节 财政转移支付与人类发展的实证分析

一、模型设定

财政支出作为一国政府进行宏观调控，发挥其经济和社会服务各项职能的重要手段，不仅对经济增长产生影响，推动人民收入水平和物质生活水平提高，也对社会发展产生影响，促进人民的生活质量的改善。理论上，人类发展与收入水平呈正相关关系，而对于政府支出对人类发展指数影响程度的研究较少。我国学者仅霍景东和夏杰长（2005）、潘雷驰（2006）、戴珊珊（2007）、姚明霞（2008）对政府财政支出与人类发展指数间相关性进行了实证研究，研究结果发现政府财政支出对我国人类发展指数存在较为显著的影响。而对于中央对地方政府的财政转移支付与地方人类发展水平的相关性尚未有相关研究。

在现有研究分析框架的基础上，构建中央财政转移支付与地方人类发展指数之间的面板计量分析模型。

$$Y_{it} = \sum \alpha \, T_{it} + \varepsilon_{it} \qquad (5.6)$$

其中，i 为地区；t 为时间；α、δ 为系数；ε_{it} 为随机误差项。Y_{it} 为被解释变量，代表各地区的人类发展水平；T_{it} 为解释变量，代表各地区的财政转移支付。

二、数据的选取及处理

（一）数据选取

相关实证分析数据采用我国 31 个省区市的省级面板数据进行分析。

（1）人类发展指数（HDI）。根据国家统计局《中国统计年鉴》（2002～2013 年各年）、中经网《中经网统计数据库》、国研网《宏观经济统计数据库》及中国知网《中国经济社会发展统计数据库》相关数据，依本章第一节人类发展指数测算公式测算（表 5－2）。

表 5－2　　　　　　　　　　　　　变量描述

变量	均值		标准差		最大值－最小值		离散系数		样本量	
	全国	西部	全国	西部	全国	西部	全国	西部	全国	西部
hdi	0.7113	0.6595	0.0817	0.0635	0.4737	0.3166	11.4925	9.6219	372	144
lnrt	7.2189	7.6538	0.9086	0.9440	4.9723	4.2984	12.5863	12.3332	372	144

（2）人均真实财政转移支付额对数（lnrt）。根据财政部《中国财政年鉴》、国家统计局《中国统计年鉴》2001～2012 年各年度中央补助收入及人口数测算。为了消除通货膨胀因素的影响，本研究模型采用的人均真实财政转移支付额，按 2000 年不变价格计算。

（二）数据描述

首先对财政转移支付与人类发展的计量模型中所使用数据进行统计性数据分析。由表 5－2 可见，2001～2012 年，西部地区人类发展指数的均值为 0.6595，低于全国 0.7113 的平均水平，西部地区人类发展水平仍较为落后。但西部地区人类发展水平间的差距小于全国平均水平，西部地区人类发展指数的标准差为 0.0635，最大最小值差异为 0.3166，离散系数为 9.6219，均低于全国 0.0817、0.4737、11.4925 的平均水平。2001～2012 年，全国和西部地区人类发展指数的离散程度都较高，这一方面是由于我国各地区间人类发展水平差距大造成的，另一方面也是由于我国各地区人类发展水平大幅提升使得地区间不同年份间差距较大造成的。

三、实证分析结果

由人均财政转移支付与人类发展水平相关性的实证分析结果（表 5 - 3）可见，全国和西部地区个体固定效应和随机效应检验的 prob 值均为 0.0000，强烈拒绝原假设，个体固定效应和随机相应的估计结果要明显优于混合回归。而由表 5 - 4 的豪斯曼检验可见，豪斯曼检验的 prob 值也为 0.0000，否定了随机扰动项与解释变量不相关的假设，应采用固定效应模型而非随机效应模型进行相关估计。

表 5 - 3   2001~2012 年财政转移支付与人类
发展指数实证分析结果

变量	OSL		FE		RE	
	全国	西部	全国	西部	全国	西部
lnrt	0.0117 (0.0143)	0.0281 (0.0197)	0.0719 *** (0.0016)	0.0728 *** (0.0020)	0.0710 *** (0.0017)	0.0718 *** (0.0022)
_cons	0.6282 *** (0.1000)	0.4481 *** (0.1404)	0.2011 *** (0.0116)	0.1110 *** (0.0152)	0.2075 *** (0.0169)	0.1185 *** (0.0206)
R-squared	0.0145	0.1484	0.852	0.9092	0.852	0.9092
F	0.67	2.02	1956.61 ***	1312.01 ***		
Wald chi2					1731.75 ***	1108.5 ***
Prob > F/chi2						
sigma_u			0.0954	0.0716	0.0618	0.0402
sigma_e			0.0188	0.0155	0.0188	0.0155
rho			0.9626	0.9553	0.9153	0.8708

注：*** 表示在 1% 的置信水平上显著。

表 5 - 4　　　2001 ~ 2012 年财政转移支付与人类发展指数实证分析结果

变量	全国		西部	
	(b - B) Difference	sqrt（diag（V_b - V_B）） S. E.	(b - B) Difference	sqrt（diag（V_b - V_B）） S. E.
lnrt	0.0009	0.0001	0.0010	0.0002
_cons	- 0.0064	—	- 0.0075	—
chi2	37.55		20.79	
Prob > chi2	0.0000		0.0000	

　　由人均财政转移支付与人类发展的个体固定效应面板估计结果（表 5 - 4）可见，2001 ~ 2012 年，全国及西部地区人均财政转移支付与人类发展指数间呈正相关，人均转移支付额的增长推动了全国及西部地区人类发展指数的增长，财政转移支付对人类发展水平的提高起到了积极的推动作用。且与经济发展相比（第四章第三节实证分析结果），财政转移支付资金的增加对我国人类发展的推动作用不仅显著，而且要高于其对经济增长的推动作用，尤其是对西部落后地区人类发展的推动作用甚至还略高于全国的平均水平。2001 ~ 2012 年，我国西部地区人均财政转移支付额与人类发展指数的相关系数为 0.0728，即中央对西部地区的人均财政转移支付额每增长 1 个百分点，西部地区的人类发展指数将增长 0.0728 个百分点，这不仅高于西部地区人均财政转移支付资金对经济增长 0.02% 的影响力度 3 倍以上，也略高于全国 0.0719 的影响力度。中央政府对西部地区的财政转移支付资金虽未能有效地推动西部地区经济的增长，但却有效地推动了我国西部地区以人类发展水平为代表的社会发展水平的提高。

　　之所以会出现这样的结果，是因为人类发展指数摒弃了单独以经济增长作为衡量一个地区社会发展水平的观念，在经济指标的基础上又引入了以预期寿命为代表的健康指数，以及以平均受教育年限和预期受教育年限为代表的教育指数。这就使得一个地区虽然经济发展水平较低，但如果人民健康水平和受教育水平较高，则这一地区以人类发展指数衡量的社会发展水平将可能会高于其以经济增长来衡量的发展水平。人类发展指数虽然在许多方面仍然存在不足，但其较单纯的经济增长或是收入指标而言，提供了一个更为完整的评价社会发展水平的方式。虽然这并不代表经济发展不重要，经济发展作为社会发展的物质基础其重要性是不容忽视的。但以人类发展的角度来看，一个国家或地区即使经济增长和收入水平不高，也可以通过政府公共政策设计的完善，提供的公共产品和服务水平的提升来推进人类发展水平的提升。而一个国家或地区的居民在一定程度上也愿意放弃一定的经济和收入水平的增长，来换取更为优越的社会发展环境。

西部大开发政策实施以来，我国中央政府致力于提高西部地区经济和社会发展水平，西部地区的经济和社会各项事业的发展得到了中央财政转移支付资金的支持和倾斜，尤其是在教育和医疗卫生领域。

首先，虽然中央财政转移支付对西部地区经济增长的推动作用十分有限，但其仍是推动西部地区经济增长的有效因素之一。而西部地区经济的快速增长，经济实力的不断提升为其人类发展水平的提高奠定了物质基础。

其次，通过国家西部地区"两基"攻坚计划、中央对西部地区农村义务教育经费保障的转移支付（2006 年起，我国全面免除农村义务教育学杂费。免学杂费资金由中央和地方按比例分担，中央与西部地区分担比例为8∶2；免费提供教科书资金，中西部地区由中央全额承担；农村义务教育阶段中小学公用经费低于基准定额的差额部分，当年安排 50%，所需资金由中央财政和地方财政按照免学杂费的分担比例共同承担），以及由中央财政负担的西部地区少数民族高层次骨干人才培养计划等多项财政政策的支持，不仅大力推动了我国西部地区义务教育的普及，也为西部地区培养了大量高层次人才。而义务教育普及的全面覆盖，以及高层次受教育人才数量的增加，又推动了我国西部地区的以平均受教育年限和预期受教育年限衡量的教育指数水平的提升。而教育水平的提升，则又进一步推动了西部地区人类发展水平的提升。

再次，随着农村三级医疗卫生服务网络和城市医疗卫生服务体系建设的推进，以及城镇医疗保险和农村医疗保险制度的普及，中央政府为西部地区的医疗卫生事业的发展提供了多项一般和专项转移支付资金支持。西部地区卫生机构数和卫生技术人员数不断增加，西部地区每万人拥有卫生机构数和卫生机构床位数都高于全国平均水平。随着西部医疗条件和人民生活水平的不断改善，我国西部地区的人口出生预期寿命也不断提高。而随着西部地区的健康指数水平不断提高，西部地区人类发展水平也不断提升。

综上所述，虽然由于我国西部地区自有财政收入水平较低，使得西部地区的教育、医疗等基本公共服务支出缺口较大，但中央财政通过各项转移支付政策，不仅弥补了西部地区教育、医疗等基本公共服务支出的缺口，还进一步提升了西部地区人民的教育和健康水平。虽然中央财政转移支付对西部地区经济增长的推动作用十分有限，但由于其对西部地区人民的教育和健康水平提升的大力推动作用，中央对西部地区的财政转移支付有效地推动了我国西部地区以人类发展水平为代表的社会发展水平的提高。

第六章　财政转移支付政策对西部地区区域发展差距的影响

　　地区发展的不平衡是客观普遍存在的经济与社会现象。我国是一个东西横跨5200公里，南北相距5500公里的地域广袤的大国，31个省级行政区的自然地理条件相差巨大，人口的分布非常不均衡，地区间经济和社会发展的差距从古至今一直存在。改革开放以来，我国经济和社会建设取得了举世瞩目的成就，同时伴随着一部分地区先富起来的政策引导，我国各地区经济和社会发展也造就了世界上少见的"一个国家，三个世界"（贫穷、中等、发达）地区间发展差距。各地区间不仅在经济发展上，同时也在教育、医疗、公共服务等社会发展上的差距日益拉大，东、西部地区间经济社会发展的差距在各项地区发展差距中尤为显著。虽然一国内经济社会发展的不均衡是普遍、客观的，但发展的过度失衡，尤其是社会发展水平的过度失衡则会带来社会矛盾激化、社会不稳定因素加剧等一系列严重的社会问题，从而影响一国经济社会的健康稳定发展。为缓解我国严重的地区间发展差距，尤其是东、西部地区间的发展差距，随着2000年我国开始实行西部大开发政策，中央财政转移支付开始重点向西部地区倾斜，优先支持西部地区各类经济社会项目发展，并将促进地区间，尤其是中西部地区间的均衡发展作为中央财政转移支付政策的重要目标。

第一节　经济增长的收敛性

早在 20 世纪初期，Veblen（1915）在对德国工业革命和英国工业革命的比较分析中，就发现虽然德国工业革命的出现要晚于英国，但其波及范围和发展的速度远超过英国，从而导致工业革命后来者德国的经济增长速度比先行者英国更快。根据 Solow（1956）和 Swan（1956）的开拓性工作，在新古典经济理论中边际报酬递减和规模报酬不变的理论前提下，推导出了"经济增长收敛假说"。经济增长收敛假说认为落后地区要比发达地区拥有更强的经济发展动力，经济增长的速度要快于发达地区，因此，在一个足够长的时期，不同经济体的经济增长最终会收敛于一个稳态的水平。即在一定范围内的各经济体，其经济发展的速度与其初期的经济发展水平呈负相关关系。越是初期"贫穷"的地区，后期经济发展越快，而初期越是"富裕"的地区，经济发展则越为缓慢。为考察经济增长是否具有收敛性，学者们提出了 σ 收敛、β 收敛、俱乐部收敛、γ 收敛等不同的经济收敛方法，其中，使用最广泛的是 σ 收敛、β 收敛和俱乐部收敛。

一、σ 收敛

σ 收敛是以标准差来衡量的不同地区的经济体间的经济差距是否随着时间的推移而不断缩小。以人均 GDP、人均收入等经济发展测度指标的标准差 σ 来衡量的经济发展差距，若随着经济的发展，不同经济体间经济发展的标准差不断缩小，即 $\sigma_t < \sigma_0$（σ_0 为衡量观测初期经济发展差距的标准差，σ_t 为衡量观测末期经济发展差距的标准差，t 为观测期），则认为不同地区的经济体间存在 σ 收敛。

除标准差外，离散系数、加权变异系数、基尼系数、泰尔指数等也常作为判断地区间是否存在 σ 收敛的指标。其判断标准与标准差相同，都是通过比较观测末期与初期的相关指数值，并根据其变化来判断是否存在 σ 收敛。

σ 收敛利用经典指数分析来描述地区间的经济发展差异，为早期研究地区间的经济发展差距提供了可观测和计量的手段。但仅以单一的指数值作为刻画地区经济发展差异的指标，形式较为简单，对发展差距的度量也是有限的，因此现有研究已经较少单独使用 σ 收敛作为判断经济发展是否收敛的指标。

二、β 收敛

在 Solow 和 Swan 新古典经济增长模型的基础上，以生产要素的边际收益递减为其基本前提，可推导出经济发展的收敛性。

（一）绝对收敛

Solow-Swan 模型中，经济增长体现为资本积累，资本积累取决于投资收益率，而资本边际报酬递减性，就造成了在资本积累的过程中，其增速将不断减缓，甚至于消失，经济发展将趋向于一个稳态的水平。Solow-Swan 模型假定两个地区的人口增长率、储蓄率、技术进步率和折旧率都相同，那么在经过一定长的时期后，这两个地区的经济发展会达到相同的稳态的水平，这也被以后的研究者称为绝对 β 收敛。

若地区间经济发展特征相一致，不存在异质性，那么对应的 β 绝对收敛模型为：

$$\frac{1}{t}\left[\ln\frac{y_{i,t}}{y_{i,0}}\right] = \alpha + \beta\ln y_{i,0} + \varepsilon_{i,t} \tag{6.1}$$

其中，i 代表 i 地区；t 为观察期时间跨度；$y_{i,0}$ 和 $y_{i,t}$ 分别代表初期与末期的经济发展水平；被解释变量 $\ln y_{i,t}/y_{i,0}$ 表示观测期内 i 地区的经济增长率；β 为收敛系数；$\beta = -(1 - e^{-\theta t})/t$，$\theta$ 为收敛速度。如果 β 的值小于 0，则表示地区经济增长速度与其初期经济发展水平呈反比，地区间经济增长趋于收敛;如果 β 的值大于 0,表示地区经济增长速度与其初期经济发展水平呈正比,地区间经济增长趋于发散。

(二) 条件收敛

但随着学者们对经济增长收敛性研究的不断深入发现,绝对 β 收敛中对不同地区经济发展特征相一致的限定条件,在现实社会中难以满足。因此,国家或地区间经济发展的绝对 β 收敛较少存在,而更多地表现为条件 β 收敛。这是由于,不同地区经济增长不仅取决于其初期经济发展的水平,还受到资源、技术、投资、人口增长等其他因素的影响,而这些影响因素在不同地区经济体间并非同质的。在绝对 β 收敛的基础上,条件 β 收敛容许各经济体之间存在异质性,即不同地区经济发展特征不要求完全一致,在这种情况下,经济增长是否与其初期经济发展水平存在负相关被称为条件 β 收敛。为对 β 收敛进行实证检验,Baumol(1986),Barro(1991) 等建立了基于截面数据分析的 β 收敛经典计量模型。

若地区间经济发展特征不一致,经济增长的影响因素存在异质性的外生变量,则应建立 β 条件收敛模型:

$$\frac{1}{t}\left[\ln\frac{y_{i,t}}{y_{i,0}}\right] = \alpha + \beta\ln y_{i,0} + \sum \gamma_k X_{i,0} + \varepsilon_{i,t} \qquad (6.2)$$

其中,X 为影响收敛的其他外生变量;$X_{i,0}$ 为 i 地区外生变量的期初值;γ_k 为第 k 个外生变量的回归系数。在加入了外生变量影响变量后,收敛系数 β 是否仍与经济增长率成负相关,若仍为负相关则地区间经济增长在外生条件 X 下趋于收敛;反之则地区间经济增长在外生条件 X 下趋于发散。

β 收敛与 σ 收敛不同的是,σ 收敛利用经典指数来考察不同地区间的经济发展差异是否缩小,侧重的是对经济发展差异现象的描述;而 β 收敛则通过不同地区经济体间经济发展的初期水平与其经济增长率间的关系,侧重于揭示经济发展趋于稳态水平的内在原因。

三、俱乐部收敛

经济发展过程中，全球或一国经济日益表现为整体经济发展趋于异化，但局部经济发展趋同的经济发展区域化特征。在这样的情况下若仍以 σ 收敛和 β 收敛来衡量整体范围内的经济收敛性，将无法揭示经济发展的实际特征，因而产生了用以考察区域收敛性的"俱乐部收敛"。俱乐部收敛是指经济增长的初始条件和结构特征相似的区域，经济增长在其区域范围内趋于稳态。俱乐部收敛的分析方法仍与经济收敛的分析方法相同，只是其分析的范围不同，经济增长的收敛性研究的是一国的整体范围，而俱乐部收敛研究的是一国内具有相似特征的一定区域。因此，俱乐部收敛可以看作是一定区域的、局部的 σ 收敛或 β 收敛。

对地区差距的研究不仅要重视绝对差距和相对差距的程度与变化趋势，而且还要注意不同地区对总体经济绝对差距和相对差距变化的贡献程度。收敛性不仅侧重于对经济发展差异现象的描述；而收敛性则通过不同地区发展的初期水平与其增长率间的关系，以及各地区间的异质性条件，揭示发展趋于稳态，即发展差距缩小的内在原因。因此，采用 σ 收敛、β 绝对收敛和条件收敛对全国及西部地区间的经济社会发展的均衡性进行研究，以揭示西部地区经济与社会发展的差异及其发展差距缩小的内在原因。

第二节　财政转移支付政策对西部地区经济发展的收敛性分析

一、模型设定与数据选取

自经济收敛理论提出以来，国内外学者们就致力于将其用于各国乃至全球经济发展的实证分析，并形成了丰富的研究成果。Baumol（1986）利用 16 个工业化国家 1870～1978 年的人均收入数据，开创性地进行了经济收敛的实证研究，发现这些国家经济明显存在 β 收敛。美国、日本及北欧等工业化国家 β 收敛速度均在 2% 左右（Barro，1991）。但也有研究发现，工业化国家的经济收敛仅存在于"二战"，而在 1870～1950 年则不存在经济收敛（Abramovitz，1986）。若将样本扩大到工业国家以外的地区，其经济的收敛性也难以得到证实。由于国家间经济发展差异巨大，实证研究显示世界范围内经济发展的绝对 β 收敛难以成立（Delong，1988），但却存在条件 β 收敛。以储蓄率、人口增长率、人力资本、技术进步、开放程度、政府规模等为控制变量的条件 β 收敛实证研究表明，若控制了相关异质性的条件，则跨国的经济收敛在全球范围内是存在的（Barro，1991，1997；Mankiw，1992）。经济收敛性分析不仅被用于验证全球范围内各国的经济增长是否存在收敛性，也被规范应用于验证一国国内不同地区间的经济发展是否具有收敛性。对美国各州的实证研究发现，美国各州间经济增长存在绝对 β 收敛和条件 β 收敛，收敛速度为 2% 左右（Barro，1990，1991；Higgins，2006，2009；Young，2009）。西欧和日本的收敛特征与美国类似，存在绝对 β 收敛，且收敛速度为 2% 左右（Barro，1991，1992），而欧盟成员国之间的经济收敛则十分缓慢（Neven，1995；Fagerberg，1996；Tondl，1999；Martin，2000，2001）。但对经济发展水平较为落后国家和地区的研究发现，与发达的美国、日本、西欧不同的是，其经济发展不存在绝对 β 收敛，而存在条件 β 收敛（Dixon，1999；Hosono，2000）。发达国家较之发展中国家，由于经济结构相类似，因而经济收敛性更强。若以收入水平将世界各国划分为"高收入"国家和"低收入"国家，则世界经济呈现出高低划分的俱乐部收敛（Quah，1996；Ben，1998）。

改革开放推动了我国经济快速增长的同时，我国区域间的发展差距，尤其是东、西部地区间的经济发展差距不断扩大。随着区域经济增长收敛性研究在世界范围内的影响日益扩大，我国学者也开始运用经济收敛方法审视我国经济增长和区域经济增长的变化趋势。大量的实证研究成果显示，我国经济增长的收敛性呈现明显的阶段性。1952～1965 年，新中国成立初期到"文化大革命"前，由于受高度集中的计划经济体制和工业化向内陆地区推进的影响，我国地区间经济发展的差距有所缩小，经济增长呈现一定的收敛趋势，但并不十分明显；1965～1978 年，由于政治因素影响和受到"文化大革命"时期的冲击，区域间经济发展差距扩大，经济增长呈发散趋势；1978 年改革开放解放了我国的生产力，落后地区的经济发展速度也得到了显著提升，我国不仅进入了经济高速发展时期，经济增长也呈现出收敛的趋势（魏后凯，1997；Weeks，2003）。但对于改革开放后我国经济增长的收敛性分析结论却不尽相同，一部分学者如宋学明（1996）、魏后凯（1997）、申海（1999）等通过实证验证了我国各省区间的人均 GDP 呈现出绝对 β 收敛的特征，落后地区与发达地区间经济发展差距约以每年 2% 的速度缩小，且以人均 GDP 衡量的经济发展，较之以人均收入衡量的经济发展的收敛性更为显著。而蔡昉（2000）、刘木平（2000）、林毅夫（2003）等人的研究则发现我国的经济增长不存在绝对 β 收敛，但却存在条件 β 收敛，收敛地控制条件包括市场化程度、开发程度、技术进步、政府规模、要素禀赋等，但收敛的速度却非常缓慢，每年仅 0.131%。之所以出现上述不同的研究结论，一方面，可能是由于不同研究者所选择的观测期有所差异。即便是改革开放后，我国的经济发展仍呈现一定的时段性。20 世纪 80 年代的经济发展表现为收敛，而 90 年代以后却趋于发散（胡鞍钢，2009；刘强，2001），我国经济整体的收敛性随着发展的推进而不断减弱，但局部却显现出加强的特征。沈坤荣（2002）、孟健军（2003）、程健等（2005）、张鸿武（2006）、腾建州（2006）等人的研究则认为，由于三大地区间经济发展差距的加剧，使得我国经济整体上不存在收敛性，但却存在局部的俱乐部收敛。东、中、西部各地区内部经济发展的差距在不断缩小，但三大区域间经济发展的鸿沟却不断加剧。另一方面，则是由于不同研究者所使用的分析方法和工具不尽相同。随着第二代财政分权理论的发展，及我国分税制改革的推进，地方政府的财政支持被认为是激励我国经济快速增长的关键因素（钱颖，1996；Shleifer，1997）。

我国的改革虽然缩小了地区间收入差距，但政府间转移支付资金对富裕地区的倾斜，阻碍了我国地区间的收敛趋势，1985 年后的地区间经济收敛的速度不断下降（Raiser，1998）。我国学者马拴友、于红霞（2003）将转移支付引入 β 趋同模型，提出了财政转移支付与地区经济 β 收敛的计量分析模型：

$$\frac{[\log(y_{i,t}/y_{i,t-T})]}{T} = \alpha - \left(\frac{1-e^{-\beta t}}{T}\right)\log(y_{i,t-T}) + \gamma\, TR_{i,t} + \mu_{i,t} \qquad (6.3)$$

其中，$y_{i,t-T}$ 和 $y_{i,t}$ 分别为观测期的期初和期末 GDP 的值；T 为观测期；TR 为中央财政对地方的转移支付额。

相关分析数据仍采用我国 31 个省区市的省级面板数据进行分析，分析数据的选取与第四章的分析相同，选择 2001～2012 年人均真实 GDP 对数（lny）及人均真实财政转移支付额的对数（lnrt）。

二、实证检验及分析结论

（一）σ 收敛

由人均真实 GDP 来计算的我国及西部地区经济发展的标准差和差异系数来看（表 6 - 1，图 6 - 1）：若以标准差作为衡量我国及西部地区经济发展 σ 收敛的标准，则无论是我国还是西部地区内部经济发展都不存在 σ 收敛，我国各地区及西部地区间经济发展差距不断拉大；若以差异系数作为衡量全国及西部地区经济发展 σ 收敛的标准，则我国各地区间经济发展存在 σ 收敛，而西部地区内部的经济发展则不存在 σ 收敛，甚至还呈进一步发散趋势。即虽然西部地区与东部发达地区间的发展差距不断缩小，但西部地区内部各省市间的经济发展差距却不断扩大。之所以会出现标准差与差异系数间 σ 收敛的差异，主要是由于我国各地区人均真实 GDP 增长迅速，样本间的绝对差异过大造成标准差的值较大。而差异系数因其衡量标准差与样本均值间的相对变动，受样本绝对值影响较小。因此，差异系数较标准差作为衡量我国地区间经济发展 σ 收敛的标准更为准确。

表 6-1 2001～2012 年我国及西部地区人均真实 GDP 标准差及差异系数

年份	标准差		差异系数	
	全国	西部	全国	西部
2001	6314.14	1274.12	0.72	0.23
2002	7185.20	1439.61	0.73	0.23
2003	7969.86	1683.70	0.72	0.24
2004	9151.26	1993.47	0.72	0.25
2005	10203.17	2626.81	0.70	0.28
2006	11203.28	3189.95	0.68	0.30
2007	11886.44	3968.80	0.64	0.32
2008	12196.87	5140.65	0.59	0.35
2009	12793.59	5979.89	0.57	0.37
2010	13653.56	6969.42	0.54	0.37
2011	14203.80	8147.07	0.50	0.37
2012	14537.92	8593.99	0.47	0.35

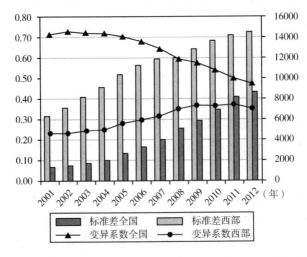

图 6-1 2001～2012 年我国及西部地区人均真实 GDP 的 σ 收敛

（二）β 收敛

由 β 收敛计量分析模型的豪斯曼检验可见（表 6 - 2），全国经济增长的 β 绝对和条件收敛的豪斯曼检验的 prob 值为 0，否定了随机扰动项与解释变量不相关的假设，应采用固定效应模型而非随机效应模型进行相关估计；而西部地区经济增长的 β 绝对和条件收敛的豪斯曼检验的 prob 值则大于 0.05，无法否定随机扰动项与解释变量不相关的假设，应采用随机效应模型进行相关估计。

表 6 - 2　　2001 ~ 2012 年财政转移支付与经济增长 β 收敛的豪斯曼检验

变量	绝对收敛		条件收敛	
	全国	西部	全国	西部
chi2	20.76	0.00	16.65	3.19
Prob > chi2	0.0000	1.0000	0.0008	0.3631

由经济增长 β 收敛的分析结果（表 6 - 3）可见，2001 ~ 2012 年，我国各地区及西部地区内部的经济增长都不存在 β 绝对收敛。引入财政转移支付变量后，我国各地区间的经济增长存在与其相对应的 β 条件收敛，收敛速度为 5.42%。而西部地区内部的经济增长却不存在对财政转移支付的 β 条件收敛，不仅如此，在引入财政转移支付变量后，收敛系数的 β 值由 0.0236 扩大为 0.0260，地区间经济发展差距不仅没有区域收敛，反而进一步发散。

表 6 - 3　　　　　　2001 ~ 2012 年财政转移支付与经济增长
β 收敛的实证分析结果

变量	绝对收敛		条件收敛	
	全国	西部	全国	西部
α	-0.0152 (0.049)	-0.0670 (0.0738)	0.2578 *** (0.0826)	-0.0735 (0.0792)
β	0.0162 *** (0.0051)	0.0236 *** (0.0079)	-0.0528 *** (0.0177)	0.0260 ** (0.013)

变量	绝对收敛		条件收敛	
	全国	西部	全国	西部
lnrt			0.0543 *** (0.0134)	0.0021 (0.0088)
R-squared	0.0292	0.0535	0.0741	0.0519
F/Wald chi2	10.22 **	8.86 ***	13.57 ***	8.82 **
sigma_u	0.0249	0.0090	0.0445	0.0100
sigma_e	0.0511	0.0578	0.0500	0.0574
rho	0.1924	0.0239	0.4420	0.0294
θ	—	—	0.0542	—

注：θ 为收敛速度。由于 $\beta = -(1-e^{-\theta t})/t$，收敛速度 $\theta = -\ln(1+\beta)/t$。** 、*** 分别表示在 5% 、1% 的置信水平上显著。

由财政转移支付政策对西部地区经济发展影响的实证分析（第四章）可知，西部大开发后，中央政府对西部地区的财政转移支付资金有效推动了西部地区经济的发展。随着西部地区经济的快速发展，经济实力的不断提升，我国东、西部间的经济发展差距不断缩小。中央财政对地区的转移支付的增加，尤其是重点向西部倾斜的一般性转移支付和专项转移支付资金比重的增加，不仅扩大了中央财政对西部地区转移支付的规模，而且对促进我国地区间经济发展的均衡也起到了积极的作用，推动了东、西部地区间经济发展差距的缩小。

而西部各地区间的经济发展差距的进一步拉大，一方面是由于西部地区间经济发展的资源禀赋差异所导致的；另一方面则是由于中央财政转移支付资金分配的不均衡造成的。

西部 12 省市间的资源禀赋条件各不相同，经济发展的潜力不同，造成了同样受益于西部大开发政策的西部地区间经济增长的速度也大不相同。如内蒙古自治区由于地理区位紧靠首都北京，且矿产等自然资源丰富，2001~2012 年人均真实 GDP（以 2000 年为基期）增长了 6.68 倍，是西部地区经济增长最快的地区。而西部经济增长最慢的新疆维吾尔自治区，

2001～2012 年人均真实 GDP 仅增长了 3.2 倍，还不及内蒙古自治区的一半。再加之中央财政转移支付在西部地区内部间的分配并非是均衡的，2001～2012 年西部地区人均转移支付的离散系数就高达 12.33（表 4－1），尤其是各类专项转移支付资金分配由于缺乏规范的分配方式，各地区获得中央专项转移支付资金的多少取决于地方政府与中央博弈的能力，以及相应专项资金的配套能力。

第三节　财政转移支付政策对西部地区社会发展的收敛性分析

一、模型设定与数据选取

利用人类发展指数来衡量我国各地区社会发展水平及地区间社会发展差距的研究非常有限。但对于人类发展指数各维度指标，经济、教育、健康地区间发展差距的研究则十分丰富。对于财政转移支付对我国地区间经济发展差距的研究成果在第二节已经介绍了，就不再赘述。

新中国成立以来，我国一直重视教育事业的发展，不断加大财政对教育的投资力度，创造了穷国办大教育的奇迹。但随着整体教育水平的不断提升，我国地区间教育发展速度、教育水平间的差异也不断凸显。对于我国地区间教育水平差距的研究，其结果呈现出两种不同结论：较早时期的研究结果显示，由于经济发展、居民收入差距的加大，教育投入的不均衡等原因，我国地区间教育水平的差距呈扩大的趋势（王善迈，1998；祝梅娟，2003；涂冬波，2005）。2001 年教育体制改革后的研究结果则显示，随着教育投入的增加，教育的不断发展，地区间教育不平衡的程度在逐渐缩小（杨俊、李雪松，2007；翟博，2006，2007；孙百才，2008）。随着经济收敛性研究的发展，为教育差距相关研究提供了新的思路和方法，国内外学者也开始将收敛性分析运用于地区教育水平趋同程度的分析。Randa Sab

（2001）利用面板数据，对多达 100 个国家的教育人力资本的收敛速度进行了测算。Serge Coulombe（2001），George Liaskos（2009）分别对加拿大和希腊教育的收敛性进行了检验。我国学者陈钊等（2004）通过对我国各省教育发展水平面板数据的分析指出，我国各地的高等教育人口比重呈收敛的趋势。谭伟（2010）的研究指出，2002 年前，我国教育发展整体呈现绝对收敛趋势；2002 年后，我国教育发展整体呈现发散趋势；但东中西部区域内部呈现"俱乐部收敛"特征。韩海彬（2010，2013）利用我国省际面板数据的研究表明，无论是全国范围，还是东、中、西部地区的教育发展水平均存在绝对 β 收敛和条件 β 收敛。谢童伟等（2011）发现，在 2001 年全国义务教育经费投入体制改革后，各省城市及农村教育差距存在显著的 β 收敛趋势。

公共卫生是关乎国民健康的重要公共产品，而健康作为人力资本的重要组成部分又对经济和社会发展产生重要影响，公共卫生投入一直以来都是财政支出的重要组成部分。公共卫生作为保证国民基本生存权的重要公共产品，是每个公民都应享有的基本公共服务，因此基本公共卫生服务的均等化也就成为学术界研究的热点。我国学者对公共卫生服务均等化的研究发现，我国的基本公共卫生服务不均衡，这种不均衡主要表现为东中西部地区间，以及城市与乡村之间在人均公共卫生支出、医疗资源上的差异（金文莉，2010；胡铭，2010）。影响基本公共卫生服务均等化的因素主要有地方经济发展水平、城乡二元结构及财政分权制度等（俞卫，2009；乔俊峰，2009；张朋、黄葭燕，2013）。黄小平（2008）运用泰尔指数研究结果显示，近年来我国东中西部地区间，以及地区内部财政卫生支出的差距呈日益缩小趋势。李齐云（2010）对财政分权与公共卫生服务均等化的实证研究发现，财政转移支付虽然缩小了地区间公共卫生产出的差距，但却未能缩小地区间人均卫生经费投入的差距。鉴于收敛性不仅能够反映地区间公共服务供给的差距，而且能够反映这种差距随时间变化的趋势，因此收敛性也被应用于研究公共卫生服务。国外学者对欧盟、OECD 等国家公共卫生收敛性的实证研究结果显示，欧盟和 OECD 国家的公共卫生支出趋于收敛（Nixon，1999；Leiter，2012）。我国学者近年来在经济增长收敛性的研究基础上，对我国公共卫生的收敛性也进行了相关研究。潘杰（2011）利用升级面板数据研究发现，2004 年后人均政府卫生支出的离散程度不断下降，人均政府卫生支出呈 δ 收敛，且收敛速度快于人均 GDP 的收敛速度。刘自敏、张昕竹（2012）利用 Malmquist 指数对我国政府卫生投入的动态效率的研究结果显示，传统 Malmquist 指数下全国及东中西部各地区间的卫生投入效率存在 β 的绝对和条件收敛，区域内部及区域间的投入效率不断趋同；而修正后的 Malmquist 指数的结果显示，卫生投入效率在东中西部地区仅存在 β 的条件收敛，即俱乐部收敛，不存在全国范围的收敛，地区间的效率差异将不断加大。

因此，借鉴财政转移支付与地区经济 β 收敛的计量分析模型，同样可构建财政转移支付与地区人类发展指数 β 收敛的计量分析模型：

$$\frac{\left[\log(y_{i,t}/y_{i,t-T})\right]}{T} = \alpha - \left(\frac{1-e^{-\beta t}}{T}\right)\log(y_{i,t-T}) + \gamma\mathrm{TR} + \mu_{i,t} \qquad (6.4)$$

其中，$y_{i,t-T}$和$y_{i,t}$分别为观测期的期初和期末人类发展指数；T 为观测期；TR 为中央财政对地方的转移支付额。

相关分析数据仍采用我国 31 个省区市的省级面板数据进行分析，分析数据的选取与第五章的分析相同，选择 2001～2012 年人类发展指数（HDI）及人均真实财政转移支付额的对数（lnrt）。

二、实证检验及分析结论

（一）σ 收敛

由人类发展指数测算的全国及西部地区人类发展水平的标准差和差异系数来看（表 6-4，图 6-2），若以标准差作为衡量全国及西部地区人类发展 σ 收敛的标准，则无论是全国还是西部地区内部人类发展都不存在明显的 σ 收敛，其趋势呈波浪形变动；若以差异系数作为衡量全国及西部地区人类发展 σ 收敛的标准，则全国各地区间人类发展存在 σ 收敛，而西部地区内部的人类发展则不存在明显的 σ 收敛，其趋势也呈波浪形变动。即虽然西部地区与东部发达地区间的发展差距不断缩小，但西部地区内部各省市间的经济发展差距则呈波浪形变动。

表6-4　　　　　　　　2001~2012年我国及西部地区人类发展
指数的标准差及差异系数

年份	标准差		差异系数	
	全国	西部	全国	西部
2001	0.0626	0.0390	0.1042	0.0708
2002	0.0655	0.0374	0.1056	0.0656
2003	0.0661	0.0398	0.1042	0.0683
2004	0.0641	0.0395	0.0985	0.0657
2005	0.0665	0.0435	0.1009	0.0713
2006	0.0658	0.0458	0.0978	0.0735
2007	0.0636	0.0447	0.0924	0.0696
2008	0.0635	0.0472	0.0903	0.0721
2009	0.0646	0.0500	0.0911	0.0753
2010	0.0622	0.0479	0.0864	0.0708
2011	0.0634	0.0452	0.0825	0.0625
2012	0.0649	0.0454	0.0833	0.0619

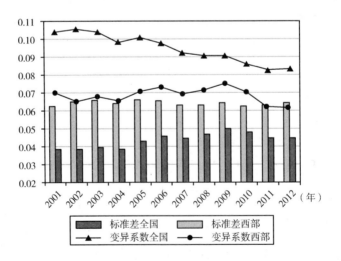

图6-2　2001~2012年我国及西部地区人类发展指数 σ 收敛

(二) β 收敛

由 β 收敛计量分析模型的豪斯曼检验可见 (表 6 - 5), 全国与西部地区人类发展的 β 绝对和条件收敛的豪斯曼检验的 prob 值都显著为 0, 否定了随机扰动项与解释变量不相关的假设, 应采用固定效应模型而非随机效应模型进行相关估计。

表 6 - 5　2001 ~ 2012 年财政转移支付与人类发展 β 收敛的豪斯曼检验

变量	绝对收敛		条件收敛	
	全国	西部	全国	西部
chi2	66. 35	14. 04	109. 71	42. 24
Prob > chi2	0. 0000	0. 0002	0. 0000	0. 0000

表 6 - 6　2001 ~ 2012 年财政转移支付与人类发展 β 收敛的实证分析结果

变量	绝对收敛		条件收敛	
	全国	西部	全国	西部
α	0. 6727 *** (0. 0475)	0. 5830 *** (0. 0693)	1. 3821 *** (0. 0936)	1. 3932 *** (0. 1415)
β	- 0. 1534 *** (0. 0112)	- 0. 1341 *** (0. 0167)	- 0. 3644 *** (0. 0267)	- 0. 3853 *** (0. 0422)
lnrt			0. 0255 *** (0. 003)	0. 0306 *** (0. 0048)
R-squared	0. 3554	0. 3309	0. 4695	0. 489
F	187. 49 ***	64. 78 ***	150. 02 ***	62. 19 ***
sigma_u	0. 0128	0. 0079	0. 0420	0. 0355
sigma_e	0. 0167	0. 0169	0. 0152	0. 0148
rho	0. 3697	0. 1793	0. 8848	0. 8521
θ	0. 1665	0. 1440	0. 4532	0. 4866

注: *** 表示在1% 的置信水平上显著。

由人类发展水平 β 收敛的分析结果 (表 6 - 6) 可见, 2001 ~ 2012 年,我国无论是全国范围，还是西部地区内部的人类发展水平都存在 β 绝对收敛。全国人类发展的收敛速度为 16.65%，西部地区内部人类发展的收敛速度略低于全国，达到 14.04%。引入财政转移支付变量后全国和西部地区，尤其是西部地区人类发展水平的收敛速度进一步加快。全国人类发展水平的收敛速度提升到 45.32%，提升 1.72 倍，而西部地区内部人类发展的收敛速度提升到 48.66%，提升 2.47 倍，超过了全国人类发展水平收敛的速度及其提升幅度。

由财政转移支付政策对西部社会发展影响的实证分析（第五章）可知，与经济发展相比（第四章第三节实证分析结果），财政转移支付资金的增加显著推动了我国人类发展水平的提高，尤其是西部落后地区人类发展水平的提升。以人类发展指数衡量的人类发展水平，除了经济发展水平，还加入了教育水平和健康水平。虽然中央财政转移支付未能推动西部地区经济增长的收敛，但中央财政通过各项转移支付政策，尤其是对西部地区教育、医疗等基本公共服务的转移支付，大幅提升了西部地区人民的教育和健康水平，从而不仅推动了西部地区与东部地区间人类发展水平差距的进一步缩小，也推动了西部地区内部发展差距的进一步缩小。由于国家财政对西部地区"两基"攻坚计划、农村义务教育经费保障、少数民族高层次骨干人才培养、农村三级医疗卫生服务网络、城市医疗卫生服务体系建设、城镇医疗保险和农村医疗保险制度普及等，多项教育、医疗卫生基本公共服务的支持，使得西部地区在经济发展差距不断扩大的同时，实现了人类发展水平差距的缩小。以人类发展的角度来看，更为优越、公平的社会发展环境对人类和社会的健康持续发展更具有现实意义。中央财政对西部地区的财政转移支付政策取得了良好的社会发展成效。

第七章 西部地区财政转移支付政策的优化

第一节 转移支付政策优化的原则

一、公平原则

由于不同地区间经济发展的不平衡、公共产品供给成本的差异，以及地方政府对公共产品供给的地区偏好，使得地区间横向的财力失衡客观存在。而地区间财政能力横向不均衡的加剧不仅会带来劳动力的无效移民，还会带来地方保护主义盛行等一系列阻碍经济社会发展的问题。财政转移支付政策作为调整地区间横向财力失衡的财政再分配政策，公平性是各国制定财政转移支付政策必须遵循的重要原则。财政转移支付政策的公平原则要求每一个地方政府都被平等地对待，以基本公共服务均等化为目标，在统一准则的基础上，对财政资金进行再分配，实现地区间财政的横向公平。但公平绝不意味着平均主义大锅饭，而是建立在满足人民对基本公共服务的需求，维护公民基本权利，防止无效移民及地方保护主义等而进行的财政公平再分配。财政转移支付政策所要达到的地区间财政能力的公平是一种相对公平，是地方用以保证国家各项基本公共服务供给的财政能力的相对均衡。

二、效率原则

财政转移支付政策作为财政收入再分配政策，在注重公平的同时也必须兼顾效率。财政转移支付的效率是指以较低的转移支付成本提高受援对象可获得的公共服务水平。效率的原则要求加强转移支付资金管理，提高地方政府的财政能力，以尽可能少的转移支付成本实现公共服务的均等化。财政转移支付政策在追求公平的同时，也必须兼顾效率，杜绝地方政府"等、靠、要"的心理，防止因财政转移支付资金的补助而出现"养懒人"的现象，以及地方政府过度和不正当竞争等不利于经济社会发展问题的出现。我国是一个发展中大国，相对于经济社会发展及人民生活对公共服务日益增长的需求，尤其是西部落后地区对公共服务的需求，我国可用的财政资金仍十分有限。因此，为了能使有限的资金发挥更大的作用，满足更多的需求，我国各项财政转移支付政策的制定还必须遵守效率的原则。

三、规范透明原则

规范透明是财政制度的内在要求。财政转移支付政策作为我国财政制度的重要组成部分，从转移支付政策的制定，到转移支付金额的确定，再到资金的拨付使用及监督管理都应有一套科学完备且公开、透明的制度体系。规范透明的原则要求应加快财政转移支付政策的法制化进程，克服我国现行财政转移支付政策的随意性大、透明度低、稳定性差等问题，实现财政转移支付的公式化、程序化、制度化和公开化。

四、稳定与适度灵活原则

财政转移支付作为多级政府财政体制下各级政府间最主要的财政关

系，其在整体上和制度上理应保持稳定，防止朝令夕改，以免引发各级政府间的财政动荡，进而引发社会的动荡。由于突发灾害事故，西部老、少、边、穷地区等一些特殊问题的存在，财政转移支付政策还应留有一定的灵活应变空间。而且随着不同时期政策、制度等环境条件的变化，也应预留对财政转移支付制度进行必要修订和调整的空间。

第二节 西部地区转移支付政策优化

一、持续加大对西部地区财政转移支付力度

西部大开发战略提出后，中央财政转移支付对西部地区的大力倾斜，有效缓解了西部地区经济社会基本公共服务发展所需的财政资金不足的问题，推动了西部地区经济和社会发展水平的提高。实证分析结果也显示，财政转移支付与西部地区人均 GDP 及人类发展指数均为正相关，中央对西部地区财政转移支付资金的增加将推动西部地区的经济增长和社会发展水平的提高。而且，在引入了转移支付变量后西部与其他地区间在全国范围内的经济增长和人类发展水平均存在条件 β 收敛，即财政转移支付促进了西部地区与东中部地区间经济增长和人类发展差距的缩小。

与此同时，2012 年我国西部地区财政收支缺口仍高达 19506.31 亿元，较 2001 年的 2121.72 亿元，扩大了 9.19 倍，西部地区财政收支缺口年均扩大幅度达到 24.6%。但西部地区无论是经济总量、产业结构、固定资产投资、对外贸易、人民收入水平，还是教育和医疗卫生等基本公共服务水平和服务质量，与全国平均水平仍有差距，西部地区仍是我国经济和社会发展较为落后的地区。加之我国西部地区生态环境较为脆弱，若盲目发展经济只会造成自然环境的破坏，影响经济和社会发展的持久性。为进一步满足中西部地区的人民需求，维护我国社会的安定，中央财政仍必须在较长的一段时期内继续加大对中西部地区的财政转移支付力度，以实现西部

地区经济和社会的健康持久发展。

二、西部地区转移支付应重点投向基本公共服务领域

本书的实证分析结果表明，2001~2012 年，全国及西部地区人均财政转移支付与人均 GDP 呈正相关，人均转移支付额的增长与全国及西部地区人均 GDP 的增长正相关，财政转移支付对经济发展起到了一定的推动作用。但财政转移支付资金的增加对我国经济增长的推动作用，尤其是对西部落后地区经济增长的推动作用十分有限。与经济发展相比，人均转移支付额的增长对我国以人类发展指数衡量的社会发展水平提高的推动作用更强，尤其是对西部落后地区社会发展的推动作用更为显著有效。2001~2012 年，我国西部地区人均财政转移支付额与人类发展指数的相关系数为 0.07，即我国中央对西部地区的人均财政转移支付额每增长 1 个百分点，西部地区的人类发展指数将增长 0.07 个百分点，这不仅高于西部地区人均财政转移支付资金对经济增长影响力度的 3 倍以上，而且也略高于全国的影响力度。引入财政转移支付变量后，不仅我国各地区间的经济增长存在 β 条件收敛，人类发展水平也存在 β 条件收敛，且收敛速度为 16.65%，远快于经济增长 5% 的收敛速度。东、西部间经济社会发展差距不断缩小，尤其是社会发展差距快速缩小。中央财政在促进西部地区基本公共服务发展的同时，也有效促进了西部地区与全国其他地区间的人类发展水平的均衡。由此可见，中央政府对西部地区的财政转移支付对西部地区的经济发展和教育、医疗卫生、社会保障等社会发展水平的提升做出了不可替代的贡献。

而就中央财政转移支付对西部地区经济和社会发展的影响力来看，中央对西部地区的转移支付政策应在公平性原则指导下，充分发挥转移支付资金的效率，将中央对西部地区转移支付的重点放在教育、医疗卫生、社会保障等公共服务领域，在实现我国基本公共服务均等化的同时，还将有效推动西部地区社会发展水平的不断提升，这在"以人为本"的社会发展

阶段显得更为重要。

经济增长虽然是衡量社会发展水平的一个重要方面，但并不等于经济增长水平高社会发展水平就一定高，经济落后地区也可以通过政府公共政策设计的完善，公共服务水平的提升来推进社会发展水平的提升，而社会发展水平的提升，又将进一步推动经济的发展，形成良性循环。而且对一地区的居民而言，在一定程度上甚至愿意放弃一定的经济和收入水平的增长，来换取更为优越的社会发展环境。

三、适度限制西部地区转移支付对经济领域的投入

我国政府的"官员晋升考核"机制决定了地方各级政府官员的晋升是由上一级政府负责考核和任免，且政府官员的晋升考核长期以经济增长速度为考核其政绩的主要指标。这种由上至下的考核方式，使得各地方政府官员为了获得晋升机会将主要财力和精力都投入经济建设领域，以获取更多的"政绩"。这种晋升激励对西部地区的地方政府也同样存在，因此相对于教育、医疗等社会基本改革服务领域，西部地区的地方政府支出更偏向于将有限的财政资金用于地方经济建设。而实证分析结果表明，财政转移支付资金的增加对我国西部地区经济增长的相关系数仅为 0.02，中央对西部地区的人均财政转移支付额每增长 1 个百分点，人均 GDP 仅增长 0.02 个百分点，是全国的一半，与全国其他地区相比财政转移支付对西部地区经济增长的推动力十分有限，对西部地区经济增长影响最为显著的是城镇居民人均可支配收入。而从产业结构上来看，全国及西部地区人均财政转移支付与各产业人均产业增加值呈正相关，人均转移支付额的增长推动了全国及西部地区各产业人均产业增加值的增长，但其推动作用仍十分有限，且财政转移支付资金对西部地区第二和第三产业的推动作用明显弱于第一产业。中央对西部地区人均财政转移支付额每增长 1 个百分点，人均第一产业增加值将增长 0.0863 个百分点，基本接近全国 0.0937 的平均水平；人均第三产业增加值将增长 0.0408 个百分点，低于全国 0.0635 的平

均水平；而中央对西部地区人均财政转移支付额对人均第二产业增加值增长的影响力度仅为 0.0182，仅为全国 0.0716 的平均水平的 1/4，且不显著。

鉴于财政转移支付资金的增加对我国西部地区经济增长的作用十分有限，中央财政应适度限制西部地区的转移支付资金的使用范围，适度限制转移支付资金对经济和生产领域的投入，防止西部地区地方政府在晋升机制的刺激下，将转移支付资金用于"政绩"工程。应将有限的转移支付资金投入到更为有效的基础设施、教育、医疗等基本公共产品和公共服务领域的投入，提高有限的财政转移支付资金的绩效，为西部地区的经济发展打造良好的发展环境。

四、建立宽口径的西部地区转移支付分配方式

我国一般转移支付多达 15 项，而专项转移支付的项目则更高达 280 多项，几乎涵盖了所有的预算支出科目，补助对象也涉及各行各业，各类财政转移支付形式纷繁杂乱，是我国现行财政转移支付的一大突出特征。名目繁多的转移支付项目也限制了地方政府的自主性。无条件的一般转移支付在我国除均衡性转移支付外，使用范围都有限制，地方政府没有自由支配权，而具有专款专用特点的专项转移支付，地方政府对专项转移支付资金必须按照中央相应的政策规定的用途使用，不得挪作他用。中央对西部地区的一般性转移支付资金除均衡性转移支付和民族地区转移支付可由西部地区政府灵活支配外，其余各项一般转移支付资金的用途都有特定的限制，而专项转移支付更是"撒胡椒粉"式的补贴。而财政分权理论认为，由地方政府提供公共产品和服务更为高效，过多的限制地方转移支付资金的使用范围，不利于发挥地方政府的积极性来改善公共服务和经济社会发展环境，反而会促使地方政府，尤其是落后的西部地区的地方政府将更多的精力用于迎合中央政府，以期获得更多的转移支付。

转移支付形式繁杂，转移支付资金划拨，尤其是专项转移支付资金划

拨缺乏科学性与规范性，加之不断扩大的财政收支缺口，使得我国西部地区地方政府将其精力多放在迎合中央政府的政策与喜好，以及与中央政府的博弈，以获得更多的中央政府的财政转移支付资金，而非满足地方人民对经济发展和公共服务的各项需求。由于缺乏一套科学、完善、规范的转移支付制度，不仅扩大了财政转移支付资金的损失率，同时也降低了地方政府公共服务的供给效率。

因此，应本着规范透明及稳定性的原则，对我国西部地区纷繁杂乱的转移支付制度进行规范和清理，建立宽口径的转移支付资金分配方式。一方面，进一步完善一般性转移支付公式，对一般性转移支付项目进行清理合并。以标准财政收支为依据，综合考虑地区因素及变革性、政策性因素，确定更为科学、全面的一般性转移支付公式，对现行过于繁杂的各类政策性一般性转移支付项目进行合并清理。提高均衡性转移支付在一般性转移支付中所占的比重，增强地方政府对资金支配的自主性，以更为合理地进行资金分配，提高地方公共产品和公共服务的效率。建立科学规范的一般性转移支付公式，不仅能够提高转移支付资金分配的透明度和稳定性，还能够提升西部地区地方政府对一般转移支付资金的灵活支配权，以更好地满足地方居民对经济发展和公共服务的各项需求。另一方面，可探索宽口径的西部地区的专项转移支付制度。由于我国现行专项转移支付政策性和随机性强，资金使用项目划分过多过细且存在交叉重叠，应对众多适用性不强的专项转移支付项目进行清理合并，针对西部地区经济社会发展的特点，降低资金配套、项目立项等各类准入门槛，在中央政策方针的指导下建立宽口径的西部地区专项转移支付，用于西部地区各项社会项目的建设和公共服务的供给，将有限的资金用于西部地区最需要发展的项目上。

五、深化相关配套措施改革

（一）完善地方税体系，增强西部地区财政自身的"造血"功能

由西部地区经济社会发展的现状可知，西部大开发政策实施至今，西

部地区取得了巨大的经济社会发展成就，这与中央向西部倾斜的财政转移支付政策，以及持续增加的转移支付资金密不可分。但也使得人们在西部地区发展的巨大成就的光晕下忽视了巨额财政转移支付背后所隐藏的问题。近年来，西部地区地方政府规模不断扩大，其财政支出规模占 GDP 的比重已达到 28.33%，高于全国地方财政支出占 GDP 20.65% 的比重 7.67个百分点，而西部地区不断扩张的财政支出则依赖于中央财政的转移支付。2001~2012 年，西部地区财政支出对中央财政转移支付的依存度则一直维持在 58% 以上，居高不下，远高于全国地方财政支出对中央财政转移支付 40% 的依存度。虽然西部地区经济发展取得了巨大的成就，但就总体而言，西部地区较我国其他地区，其经济实力仍旧薄弱，地方财政收入有限，西部地区财政自身的"造血"功能严重不足。

西部地区地理环境、人口分布等特点使得其各项公共服务较全国其他地区而言，不仅建设成本和维护高昂，且规模效应低，而公共投入对地方经济发展推动作用的有限，就使得西部地区地方政府更倾向于将获得的可自由支配的财政转移支付资金更多地用于扩大财政供养人员，以建立和维护本地政治支持网络，保证地方稳定。过度依赖中央财政转移支付，造成西部地方政府严重的依赖心理，"养懒人"及财政资金的浪费现象屡见不鲜。过度依赖中央财政转移支付还会使得地方政府将更多的精力放在对中央财政转移支付资源的争夺上——"公共池"效应，引发地方政府相互之间的支出竞争，导致政府规模的膨胀。而我国的财政转移支付制度，尤其是专项转移支付的规范性和透明性又会诱导腐败，中央与地方政府间的博弈带来了高额的政治成本，造成财政转移支付资金的巨大浪费。尤其是落后地区，由于其发展地方经济上的劣势，地方政府将更多地去扩大财政供养人口以建立本地政治支持网络，而非增加公共产品的投入。

西部地区自有财力的提升，从本质上来说有赖于经济实力的不断提升、税收收入的不断提高。因此，为推动西部地区经济社会的不断发展，还必须不断完善我国地方税体系建设，尤其是"营改增"后地方税主体税种的设立。地方税主体税种的确立、地方税体系的不断完善，不仅是地方税收收入稳定增长的根本保障，也是降低西部地区对中央财政转移支付的过度依赖，强化中西部地区财政自身"造血"功能的必然。

（二）加强财政转移支付资金管理，提高西部地区资金使用效率

首先，加强转移支付资金预算管理。转移支付资金使用的监督和考核依赖于各级人民代表大会及预算管理，但财政转移支付资金，尤其是专项转移支付资金拨付的盲目性和不确定性，使得转移支付资金常游离于人大审议及预算监督之外。由于我国中央政府每年都会依据实际转移支付情况增加或减少相应的专项转移支付项目和金额，而且每年各地方向各地人民代表大会提交预算报告的时间早于中央政府预算，因此就造成各地的地方预算编报中转移支付资金编制的不完整，导致中央资金重复投资，或是被挤占挪用，造成资金使用效率低下。强化转移支付预算管理，应重视转移支付预算编制的及时性和完整性，加强与地方预算管理的衔接，中央政府应及时下达下一年度的转移支付预算，而各级地方政府必须保证转移支付预算编制的完整性。

其次，建立有效的财政转移支付资金绩效审计评价制度。为加强转移支付资金的使用效率，杜绝浪费和腐败，应建立一套科学全面的财政转移支付资金绩效考核和全过程跟踪审计制度。将地方各级政府预算执行绩效纳入政绩考核制度，建立对转移支付资金使用的全程跟踪审计制度，采用全过程跟踪审计，将转移支付资金审计的关口前移，事前进行防范，防止转移支付资金浪费和贪污腐败行为的发生，提高西部地区资金使用效率。

附　　表

附表 1　　　　　**2001～2012 年我国各省市区人类发展指数（HDI）**

省市区	2001年	2002年	2003年	2004年	2005年	2006年	2007年	2008年	2009年	2010年	2011年	2012年
北　京	0.75	0.79	0.80	0.81	0.82	0.83	0.85	0.85	0.86	0.87	0.95	0.97
天　津	0.70	0.73	0.75	0.76	0.78	0.78	0.79	0.81	0.82	0.83	0.86	0.87
河　北	0.61	0.63	0.64	0.66	0.67	0.67	0.69	0.70	0.71	0.72	0.77	0.78
山　西	0.59	0.61	0.64	0.65	0.66	0.67	0.69	0.70	0.70	0.72	0.77	0.78
内蒙古	0.59	0.61	0.63	0.66	0.67	0.69	0.71	0.73	0.74	0.75	0.81	0.81
辽　宁	0.65	0.67	0.68	0.69	0.71	0.72	0.73	0.75	0.76	0.77	0.82	0.84
吉　林	0.62	0.64	0.65	0.68	0.68	0.70	0.71	0.73	0.74	0.76	0.80	0.81
黑龙江	0.62	0.64	0.65	0.67	0.68	0.69	0.70	0.72	0.73	0.74	0.79	0.79
上　海	0.75	0.78	0.80	0.81	0.82	0.83	0.84	0.85	0.86	0.85	0.88	0.89
江　苏	0.66	0.67	0.68	0.69	0.71	0.72	0.74	0.78	0.75	0.77	0.82	0.83
浙　江	0.66	0.68	0.70	0.71	0.71	0.73	0.74	0.73	0.76	0.77	0.82	0.83
安　徽	0.57	0.58	0.60	0.61	0.61	0.63	0.64	0.69	0.67	0.68	0.75	0.76
福　建	0.63	0.64	0.66	0.67	0.68	0.69	0.71	0.72	0.74	0.75	0.80	0.80
江　西	0.56	0.58	0.61	0.62	0.62	0.64	0.66	0.67	0.68	0.68	0.76	0.77
山　东	0.63	0.65	0.66	0.68	0.69	0.71	0.72	0.72	0.74	0.75	0.69	0.69
河　南	0.58	0.60	0.61	0.63	0.64	0.65	0.67	0.68	0.69	0.69	0.75	0.76
湖　北	0.60	0.61	0.63	0.64	0.65	0.67	0.68	0.70	0.71	0.72	0.78	0.80
湖　南	0.59	0.60	0.62	0.63	0.64	0.66	0.68	0.69	0.70	0.71	0.77	0.78

续表

省市区	2001年	2002年	2003年	2004年	2005年	2006年	2007年	2008年	2009年	2010年	2011年	2012年
广东	0.65	0.66	0.67	0.69	0.70	0.71	0.72	0.74	0.74	0.74	0.81	0.81
广西	0.57	0.58	0.59	0.61	0.62	0.64	0.65	0.66	0.67	0.68	0.75	0.76
海南	0.60	0.62	0.63	0.64	0.65	0.67	0.68	0.69	0.68	0.69	0.77	0.79
重庆	0.59	0.61	0.63	0.63	0.66	0.67	0.69	0.70	0.72	0.73	0.77	0.79
四川	0.57	0.59	0.60	0.62	0.62	0.63	0.66	0.67	0.68	0.70	0.68	0.69
贵州	0.49	0.51	0.52	0.54	0.54	0.55	0.57	0.59	0.60	0.61	0.68	0.70
云南	0.52	0.53	0.54	0.56	0.57	0.58	0.59	0.60	0.61	0.63	0.69	0.70
西藏	0.48	0.51	0.52	0.54	0.54	0.55	0.58	0.58	0.58	0.60	0.65	0.65
陕西	0.58	0.59	0.61	0.63	0.64	0.66	0.67	0.69	0.70	0.72	0.71	0.73
甘肃	0.53	0.55	0.56	0.58	0.58	0.59	0.61	0.62	0.62	0.64	0.71	0.72
青海	0.54	0.56	0.58	0.59	0.61	0.62	0.64	0.66	0.67	0.67	0.72	0.72
宁夏	0.57	0.59	0.60	0.62	0.63	0.64	0.66	0.68	0.69	0.70	0.75	0.76
新疆	0.59	0.61	0.62	0.64	0.64	0.65	0.67	0.68	0.68	0.69	0.75	0.76

附表 2　　　　2001～2012 年我国各省市区健康指数（HI）

省市区	2001年	2002年	2003年	2004年	2005年	2006年	2007年	2008年	2009年	2010年	2011年	2012年
北京	0.89	0.90	0.90	0.91	0.91	0.92	0.92	0.93	0.93	0.94	0.96	0.97
天津	0.87	0.88	0.88	0.89	0.89	0.89	0.90	0.90	0.91	0.91	0.94	0.94
河北	0.83	0.84	0.84	0.85	0.85	0.85	0.86	0.86	0.86	0.87	0.87	0.88
山西	0.82	0.83	0.83	0.83	0.84	0.84	0.85	0.85	0.86	0.86	0.87	0.88
内蒙古	0.80	0.80	0.81	0.82	0.82	0.83	0.84	0.84	0.85	0.86	0.87	0.88
辽宁	0.85	0.85	0.86	0.86	0.87	0.87	0.88	0.88	0.89	0.89	0.90	0.90
吉林	0.85	0.86	0.86	0.87	0.88	0.89	0.90	0.91	0.91	0.92	0.89	0.90
黑龙江	0.84	0.85	0.85	0.86	0.87	0.88	0.89	0.90	0.91	0.91	0.89	0.90
上海	0.93	0.93	0.94	0.94	0.95	0.95	0.96	0.96	0.97	0.97	0.96	0.96
江苏	0.86	0.86	0.87	0.87	0.87	0.88	0.88	0.89	0.89	0.89	0.90	0.90
浙江	0.87	0.87	0.88	0.88	0.89	0.89	0.90	0.90	0.91	0.91	0.92	0.92

续表

省市区	2001年	2002年	2003年	2004年	2005年	2006年	2007年	2008年	2009年	2010年	2011年	2012年
安 徽	0.82	0.83	0.83	0.84	0.84	0.84	0.85	0.85	0.85	0.86	0.88	0.88
福 建	0.84	0.84	0.85	0.86	0.86	0.87	0.88	0.88	0.89	0.89	0.89	0.89
江 西	0.78	0.78	0.79	0.79	0.80	0.80	0.81	0.81	0.81	0.82	0.87	0.88
山 东	0.86	0.86	0.87	0.87	0.88	0.88	0.89	0.90	0.90	0.91	0.90	0.90
河 南	0.82	0.82	0.82	0.82	0.83	0.83	0.83	0.83	0.84	0.84	0.87	0.87
湖 北	0.81	0.82	0.83	0.83	0.84	0.84	0.85	0.86	0.86	0.87	0.87	0.88
湖 南	0.81	0.81	0.82	0.83	0.83	0.84	0.84	0.85	0.85	0.86	0.87	0.88
广 东	0.84	0.85	0.85	0.85	0.85	0.85	0.85	0.85	0.85	0.85	0.90	0.90
广 西	0.82	0.82	0.82	0.83	0.83	0.84	0.84	0.84	0.85	0.85	0.88	0.88
海 南	0.84	0.85	0.85	0.86	0.86	0.86	0.87	0.87	0.88	0.88	0.90	0.90
重 庆	0.83	0.84	0.84	0.85	0.86	0.87	0.88	0.89	0.90	0.90	0.89	0.89
四 川	0.82	0.83	0.83	0.84	0.85	0.86	0.86	0.87	0.88	0.89	0.87	0.88
贵 州	0.73	0.73	0.74	0.74	0.74	0.74	0.75	0.75	0.75	0.75	0.82	0.82
云 南	0.72	0.73	0.73	0.73	0.74	0.74	0.74	0.75	0.75	0.75	0.79	0.80
西 藏	0.71	0.72	0.72	0.73	0.74	0.75	0.75	0.76	0.77	0.78	0.77	0.77
陕 西	0.80	0.80	0.80	0.81	0.81	0.82	0.82	0.83	0.83	0.83	0.87	0.88
甘 肃	0.75	0.75	0.75	0.75	0.75	0.75	0.75	0.75	0.75	0.75	0.83	0.84
青 海	0.74	0.75	0.75	0.76	0.77	0.78	0.79	0.80	0.81	0.81	0.80	0.80
宁 夏	0.80	0.80	0.81	0.81	0.82	0.82	0.83	0.83	0.84	0.84	0.85	0.85
新 疆	0.76	0.77	0.77	0.78	0.79	0.80	0.80	0.81	0.82	0.83	0.84	0.84

附表3　　　　　2001～2012 年我国各省市区、教育指数（EI）

省市区	2001年	2002年	2003年	2004年	2005年	2006年	2007年	2008年	2009年	2010年	2011年	2012年
北 京	0.67	0.73	0.74	0.75	0.75	0.76	0.77	0.77	0.79	0.80	1.01	1.04
天 津	0.59	0.65	0.67	0.68	0.68	0.68	0.69	0.70	0.72	0.73	0.76	0.77
河 北	0.53	0.56	0.57	0.57	0.57	0.57	0.57	0.59	0.59	0.59	0.70	0.70
山 西	0.53	0.57	0.59	0.58	0.58	0.59	0.60	0.60	0.61	0.60	0.70	0.71

年　份	2001	2002	2003	2004	2005	2006	2007	2008	2009	2010	2011	2012
内蒙古	0.53	0.56	0.57	0.59	0.59	0.59	0.60	0.60	0.61	0.61	0.72	0.71
辽　宁	0.57	0.59	0.61	0.62	0.62	0.62	0.62	0.64	0.64	0.64	0.76	0.78
吉　林	0.55	0.59	0.60	0.62	0.60	0.61	0.61	0.62	0.63	0.63	0.74	0.75
黑龙江	0.54	0.57	0.57	0.58	0.59	0.59	0.60	0.61	0.62	0.62	0.73	0.73
上　海	0.63	0.68	0.70	0.71	0.71	0.71	0.70	0.72	0.74	0.72	0.78	0.80
江　苏	0.56	0.57	0.57	0.57	0.58	0.59	0.60	0.69	0.60	0.61	0.73	0.74
浙　江	0.54	0.57	0.57	0.58	0.57	0.59	0.59	0.56	0.60	0.60	0.72	0.73
安　徽	0.50	0.52	0.54	0.54	0.53	0.54	0.54	0.63	0.56	0.56	0.67	0.67
福　建	0.52	0.53	0.55	0.56	0.56	0.57	0.57	0.58	0.59	0.59	0.71	0.70
江　西	0.52	0.55	0.59	0.58	0.56	0.57	0.59	0.59	0.61	0.58	0.71	0.72
山　东	0.52	0.56	0.56	0.57	0.57	0.58	0.58	0.57	0.60	0.60	0.45	0.45
河　南	0.52	0.56	0.55	0.56	0.56	0.56	0.57	0.57	0.58	0.56	0.68	0.68
湖　北	0.54	0.55	0.58	0.58	0.57	0.59	0.60	0.60	0.61	0.61	0.73	0.74
湖　南	0.54	0.56	0.57	0.57	0.57	0.58	0.59	0.60	0.60	0.60	0.72	0.72
广　东	0.54	0.56	0.56	0.57	0.59	0.59	0.60	0.60	0.61	0.60	0.71	0.71
广　西	0.51	0.53	0.54	0.55	0.54	0.56	0.56	0.56	0.57	0.56	0.69	0.68
海　南	0.52	0.54	0.55	0.57	0.57	0.58	0.58	0.57	0.55	0.54	0.71	0.72
重　庆	0.53	0.55	0.57	0.55	0.56	0.57	0.58	0.59	0.60	0.60	0.69	0.71
四　川	0.52	0.54	0.55	0.56	0.53	0.53	0.55	0.56	0.56	0.56	0.50	0.51
贵　州	0.47	0.50	0.51	0.51	0.49	0.50	0.51	0.52	0.52	0.51	0.62	0.63
云　南	0.46	0.47	0.46	0.50	0.49	0.50	0.51	0.50	0.52	0.52	0.64	0.64
西　藏	0.35	0.41	0.40	0.42	0.39	0.40	0.45	0.43	0.42	0.43	0.53	0.51
陕　西	0.55	0.56	0.58	0.59	0.58	0.59	0.59	0.60	0.61	0.61	0.55	0.56
甘　肃	0.49	0.52	0.53	0.54	0.53	0.53	0.53	0.54	0.55	0.55	0.65	0.66
青　海	0.47	0.50	0.53	0.53	0.53	0.53	0.54	0.55	0.56	0.54	0.63	0.61
宁　夏	0.50	0.54	0.54	0.56	0.55	0.56	0.57	0.58	0.58	0.57	0.67	0.67
新　疆	0.52	0.57	0.58	0.58	0.57	0.57	0.58	0.58	0.59	0.58	0.69	0.68

附表 4　　　　**2001~2012 年我国各省市区人均 GDP 指数（GI）**

省市区	2001年	2002年	2003年	2004年	2005年	2006年	2007年	2008年	2009年	2010年	2011年	2012年
北　京	0.71	0.74	0.76	0.78	0.80	0.82	0.85	0.87	0.87	0.89	0.90	0.91
天　津	0.66	0.68	0.70	0.73	0.77	0.79	0.81	0.84	0.85	0.88	0.91	0.92
河　北	0.52	0.53	0.55	0.59	0.61	0.63	0.66	0.69	0.70	0.72	0.75	0.76
山　西	0.47	0.49	0.52	0.56	0.59	0.61	0.64	0.68	0.68	0.71	0.74	0.75
内蒙古	0.49	0.51	0.55	0.59	0.63	0.67	0.71	0.76	0.78	0.81	0.84	0.86
辽　宁	0.58	0.59	0.61	0.62	0.66	0.68	0.71	0.74	0.76	0.79	0.82	0.84
吉　林	0.51	0.53	0.55	0.57	0.60	0.62	0.66	0.69	0.71	0.74	0.77	0.79
黑龙江	0.53	0.54	0.56	0.58	0.61	0.63	0.65	0.68	0.71	0.71	0.75	0.76
上　海	0.74	0.76	0.78	0.80	0.83	0.84	0.87	0.88	0.89	0.89	0.90	0.91
江　苏	0.59	0.61	0.64	0.67	0.70	0.73	0.75	0.78	0.80	0.83	0.85	0.87
浙　江	0.61	0.64	0.67	0.70	0.72	0.74	0.77	0.79	0.80	0.82	0.85	0.86
安　徽	0.44	0.46	0.47	0.50	0.52	0.55	0.58	0.61	0.63	0.67	0.71	0.72
福　建	0.58	0.59	0.61	0.63	0.65	0.68	0.71	0.73	0.75	0.78	0.81	0.83
江　西	0.44	0.46	0.48	0.51	0.54	0.57	0.60	0.63	0.64	0.67	0.71	0.72
山　东	0.55	0.57	0.60	0.63	0.66	0.69	0.72	0.75	0.76	0.78	0.81	0.82
河　南	0.46	0.48	0.50	0.53	0.57	0.59	0.63	0.66	0.67	0.70	0.72	0.74
湖　北	0.49	0.50	0.52	0.55	0.57	0.60	0.63	0.66	0.68	0.72	0.75	0.77
湖　南	0.47	0.48	0.50	0.53	0.56	0.58	0.61	0.65	0.67	0.70	0.73	0.75
广　东	0.60	0.62	0.64	0.67	0.70	0.72	0.75	0.77	0.78	0.80	0.82	0.83
广　西	0.43	0.45	0.47	0.50	0.52	0.55	0.58	0.61	0.63	0.67	0.70	0.72
海　南	0.49	0.51	0.52	0.54	0.57	0.59	0.61	0.64	0.66	0.69	0.73	0.74
重　庆	0.47	0.49	0.51	0.54	0.58	0.60	0.63	0.67	0.69	0.72	0.75	0.77
四　川	0.44	0.46	0.48	0.51	0.53	0.56	0.59	0.62	0.64	0.67	0.71	0.73
贵　州	0.35	0.36	0.38	0.41	0.44	0.46	0.50	0.54	0.55	0.59	0.63	0.66
云　南	0.43	0.44	0.46	0.49	0.51	0.53	0.56	0.59	0.60	0.62	0.66	0.68
西　藏	0.44	0.47	0.49	0.51	0.53	0.56	0.58	0.60	0.62	0.64	0.66	0.69
陕　西	0.45	0.47	0.49	0.52	0.56	0.59	0.62	0.66	0.68	0.71	0.75	0.77

省市区	2001年	2002年	2003年	2004年	2005年	2006年	2007年	2008年	2009年	2010年	2011年	2012年
甘　肃	0.41	0.42	0.45	0.48	0.50	0.53	0.55	0.58	0.59	0.63	0.66	0.68
青　海	0.46	0.48	0.50	0.52	0.55	0.58	0.61	0.65	0.66	0.70	0.73	0.75
宁　夏	0.46	0.48	0.51	0.53	0.55	0.58	0.62	0.66	0.68	0.71	0.75	0.76
新　疆	0.51	0.52	0.55	0.57	0.59	0.62	0.64	0.66	0.66	0.70	0.73	0.75

参 考 文 献

[1] 安体富、任强：《公共服务均等化：理论、问题与对策》，《财贸经济》2007 年第 8 期。

[2] 保罗·A·萨缪尔森、威廉·D·诺德豪斯：《经济学》（第 16 版），华夏出版社 2002 年版。

[3] 庇古著：《财政学研究》，陈汉平译，神州国光社 1932 年版。

[4] 蔡昉、都阳：《中国地区经济增长的趋同与差异》，《经济研究》2000 年第 1 期。

[5] 曹俊文、罗良清：《转移支付的财政均等化效果实证分析》，《统计研究》2006 年第 1 期。

[6] 曾军平：《政府间转移支付制度的财政平衡效应研究》，《经济研究》2000 年第 6 期。

[7] 陈昌盛、蔡跃洲：《中国政府公共服务：体制变迁与地区综合评价》，中国社会科学出版社 2007 年版。

[8] 陈建宝、戴平生：《我国各地区教育与 GDP 的空间特征实证分析》，《教育与经济》2007 年第 3 期。

[9] 陈抗、A. L. Hillman、顾清扬：《财政集权与地方政府行为变化从援助之手到攫取之手》，《经济学（季刊）》2002 年第 1 期。

[10] 陈岐山、张清华、赵尊华：《我国财政管理体制的变迁与原则》，《经济纵横》2004 年第 10 期。

[11] 陈志勇：《促进西部经济发展的财政转移支付制度建设》，《湖北财税》2001 年第 12 期。

［12］陈自芳：《区域经济学新论》，中国财政经济出版社 2011 年版。

［13］程建、连玉君：《中国区域经济增长收敛的协整分析》，《经济科学》2005 年第 5 期。

［14］大卫·休谟：《人性论》，商务印书馆 2002 年版。

［15］戴珊珊：《中国人类发展指数及其与政府支出的相关分析》，《经济体制改革》2007 年第 3 期。

［16］杜俊涛、陈迅、雷森、王亚娜：《增长极理论的模型化研究》，《重庆大学学报（自然科学版）》2002 年第 25 期。

［17］杜鹏：《基于基尼系数对中国学校教育差距状况的研究》，《教育与经济》2005 年第 3 期。

［18］樊纲：《中国最突出的问题是公共品》，《经济观察报》2006 年 11 月 25 日。

［19］范子英、张军：《财政分权、转移支付与国内市场整合》，《经济研究》2010 年第 3 期。

［20］范子英：《央地关系与区域经济格局：财政转移支付的视角》，复旦大学博士论文，2010 年。

［21］冯海波、陈旭佳：《公共医疗卫生支出财政均等化水平的实证考察：以广东省为样本的双变量泰尔指数分析》，《财贸经济》2009 年第 11 期。

［22］弗朗索瓦·佩鲁：《略论增长极概念（中译）》，《经济学译丛》1988 年第 9 期。

［23］傅勇：《财政分权、政府治理与非经济性公共物品供给》，《经济研究》2010 年第 8 期。

［24］高薇：《浅析现代经济增长理论的演变》，《技术经济与管理研究》2011 年第 3 期。

［25］葛乃旭：《重建我国政府间转移支付制度的构想》，《财贸经济》2005 年第 1 期。

［26］郭庆旺、贾俊雪、高立：《中央财政转移支付与经济增长》，《世

界经济》2009 年第 12 期。

[27] 郭庆旺、赵志耘:《财政学》,中国人民大学出版社 2000 年版。

[28] 郭熙保主编:《发展经济学经典论著选》,中国经济出版社 1998 年版。

[29] 韩海彬、李全生:《中国农村教育收敛分析——基于省级面板数据的实证研究》,《教育与经济》2013 年第 2 期。

[30] 韩仁月、常世旺:《中国教育支出效率的地区差异:要素集聚与转移支付依赖》,《财经论丛》2009 年第 6 期。

[31] 何振一著:《理论财政学》(第二版),中国财政经济出版社 2005 年版。

[32] 胡鞍钢、刘生龙:《交通运输、经济增长及溢出效应——基于中国省级数据空间经济计量的结果》,《中国工业经济》2009 年第 5 期。

[33] 胡代光、高鸿业主编:《西方经济学大辞典》,经济科学出版社 2000 年版。

[34] 胡德仁、刘亮:《我国政府间财政转移支付横向均等化效应分析》,《河北经贸大学学报》2008 年第 5 期。

[35] 胡德仁:《中国地区间财政均等化问题研究》,人民出版社 2011 年版。

[36] 胡铭:《基于公共财政的城乡公共卫生资源布局均等化实证分析》,《农业经济问题》2010 年第 11 期。

[37] 黄晗、冯烽:《我国教育财政支出与经济增长的实证研究》,《统计与决策》2011 年第 18 期。

[38] 黄解宇、常云昆:《对西部地区转移支付的均等化模型分析》,《财经研究》2005 年第 8 期。

[39] 黄佩华:《国家发展和地方财政》,中信出版社 2003 年版。

[40] 黄小平、方齐云:《我国财政卫生支出区域差异研究》,《中国卫生经济》2008 年第 4 期。

[41] 霍景东、夏杰长:《公共支出与人类发展指数——对中国的实证

分析：1990—2002》，《财经论丛》2005 年第 7 期。

［42］贾俊雪、郭庆旺、宁静：《财政分权、政府治理结构与县级财政解困难》，《管理世界》2011 年第 1 期。

［43］贾俊雪、郭庆旺：《政府间财政收支责任安排的地区经济增长效应》，《经济研究》2008 年第 6 期。

［44］贾康：《中国财政转移支付制度的演变》，2006 年中国—欧盟区域经济发展研讨会，2006 年。

［45］江明融：《公共服务均等化问题研究》，厦门大学博士论文，2007 年。

［46］江新昶：《转移支付、地区发展差距与经济增长——基于面板数据的实证检验》，《财贸经济》2007 年第 6 期。

［47］蒋萍主编：《社会统计学》，中国统计出版社 2009 年版。

［48］金文莉：《我国区域公共卫生资源布局均等化研究》，《郑州航空工业管理学院学报》2010 年第 28 期。

［49］李波：《西部财政转移支付制度的渐进式改革》，《中南财经政法大学学报》2004 年第 1 期。

［50］李红凤：《我国财政预算改革制约因素分析》，《湖北经济学院学报（人文社会科学版）》2011 年第 3 期。

［51］李军鹏：《公共服务学——政府公共服务的理论与实践》，国家行政学院出版社 2007 年版。

［52］李齐云、刘小勇：《财政分权、转移支付与地区公共卫生服务均等化实证研究》，《山东大学学报（哲学社会科学版)》2010 年第 5 期。

［53］李齐云、马万里：《中国式财政分权体制下政府间财力与事权匹配研究》，《理论学刊》2012 年第 1 期。

［54］李小建、苗长虹：《增长极理论分析及选择研究》，《地理研究》1993 年第 3 期。

［55］［美］理查德·A. 马斯格雷夫、［美］佩吉·B. 马斯格雷夫著：《财政理论与实践》，邓子基、邓力平译校，中国财政经济出版社 2003

年版。

[56] 梁丹：《关于进一步完善财政转移支付制度的思考》，《经济研究参考》2008 年第 7 期。

[57] 梁小民、睢国余、刘伟、杨云龙：《经济学大辞典》，团结出版社 1994 年版。

[58] 梁云凤、陈为升：《有利于加快转变经济发展方式的财税体制研究》，《中央财经大学学报》2011 年第 1 期。

[59] 林光平、龙志和、吴梅：《我国地区经济收敛的空间计量实证分析》，《经济学季刊》2005 年第 10 期。

[60] 林毅夫、刘明兴：《中国的经济增长收敛与收入分配》，《世界经济》2003 年第 8 期。

[61] 刘朝明、塞明：《区域增长极的理论模型及其应用创新研究》，《经济学动态》2006 年第 6 期。

[62] 刘洪铎：《财政分权导致地方政府财政赤字规模的膨胀吗？——来自分税制改革后中国省级的观察和经验证据》，《上海经济研究》2011 年第 9 期。

[63] 刘克崮：《1994 年前后的中国财税体制改革》，《中共党史资料》2009 年第 4 期。

[64] 刘梅：《我国民族地区财政转移支付与区域经济增长的同步性研究》，《中南民族大学学报（人文社会科学版）》2012 年第 9 期。

[65] 刘木平、舒元：《我国地区经济的收敛与增长决定力量：1978 - 1997》，《中山大学学报（社会科学版）》2000 年第 5 期。

[66] 刘强：《中国经济增长的收敛性分析》，《经济研究》2001 年第 6 期。

[67] 刘溶沧、焦国华：《地区间财政能力差异与转移支付制度创新》，《财贸经济》2002 年第 6 期。

[68] 刘尚希：《实现基本公共服务均等化的政策路径和方案选择》，《经济研究参考》2007 年第 60 期。

［69］刘生龙、王亚华、胡鞍钢：《西部大开发成效与中国区域经济收敛》，《经济研究》2009 年第 9 期。

［70］刘小明：《财政转移支付制度研究》，中国财政经济出版社 2001 年版。

［71］刘扬、董兆平：《我国政府间财政转移支付制度效应分析和改进构想》，《财政研究》2005 年第 8 期。

［72］刘勇政、张坤：《我国公共卫生支出的经济增长效应实证分析》，《北方经济》2007 年第 12 期。

［73］刘玉、刘毅：《区域政策的调控效应分析——以我国财政转移支付制度为例》，《地理研究》2003 年第 2 期。

［74］刘自敏、张昕竹：《我国政府卫生投入的动态效率及其收敛性研究——基于修正的 Malmquist 指数法》，《软科学》2012 年第 12 期。

［75］陆学艺主编：《科学发展观知识手册》，中国大百科全书出版社 2007 年版。

［76］罗宾·鲍德威、沙安文：《政府间财政转移支付：理论与实践》，庞鑫等译，中国财政经济出版社 2011 年版。

［77］罗伯特·B. 丹哈特、珍妮特·V. 丹哈特著：《新公共服务：服务而非掌舵》，丁煌译，中国人民大学出版社 2004 年版。

［78］吕炜：《政府间财政关系中的支出问题》，《财贸经济》2005 年第 1 期。

［79］马海涛、蒋爱华等：《政府间财政转移支付制度》，经济科学出版社，2010 年版。

［80］马骏：《论转移支付：政府间财政转移支付的国际经验及对中国的借鉴意义》，中国财政经济出版社 1998 年版。

［81］马庆钰：《公共服务的几个基本理论问题》，《中共中央党校学报》2005 年第 2 期。

［82］马拴友、于红霞：《地方税与区域经济增长的实证分析——论西部大开发的税收政策取向》，《管理世界》2003 年第 5 期。

[83] 马拴友、于红霞：《转移支付与地区经济收敛》，《经济研究》2003 年第 3 期。

[84] 蒙丽珍：《中国转移支付目标模式的设计》，《财政研究》1997 年第 10 期。

[85] 孟令保：《论我国的财政转移支付制度》，《浙江经济》1995 年第 4 期。

[86] 苗连营、吴礼宁：《税制改革与中央和地方财政关系》，《学习论坛》2010 年第 2 期。

[87] [美] 讷克斯著：《不发达国家的资本形成问题》，谨斋译，商务印书馆 1966 年版。

[88] 潘杰、刘国恩、李晨赵：《我国政府卫生支出地区差异收敛性研究》，《财政研究》2011 年第 10 期。

[89] 潘雷驰：《我国政府支出对人类发展指数影响的经验分析》，《当代经济科学》2006 年第 3 期。

[90] 潘文卿：《中国区域经济差异与收敛》，《中国社会科学》2010 年第 1 期。

[91] 彭国华：《我国地区经济的俱乐部收敛性》，《数量经济技术经济研究》2008 年 12 期。

[92] 平新乔：《我国地方政府支出规模的膨胀趋势》，《经济社会体制比较》2007 年第 1 期。

[93] 乔宝云、范剑勇、彭骥鸣：《政府间转移支付与地方财政努力》，《管理世界》2006 年第 3 期。

[94] 乔俊峰：《公共卫生服务均等化与政府责任：基于我国分权化改革的思考》，《中国卫生经济》2009 年第 28 期。

[95] 琼·罗宾逊、约翰·伊特韦尔：《现代经济学导论》，陈彪如译，商务印书馆 1982 年版。

[96] 沈坤荣、马俊：《经济增长的收敛性：一个理论分析框架》，《经济学研究》2002 年第 3 期。

［97］史瑞鑫：《完善财政转移支付制度的思考》，《科技信息（学术研究）》2008 年第 4 期。

［98］宋超：《我国财政转移支付规模问题研究》，《地方财政研究》2005 年第 1 期。

［99］宋洪远、马永良：《使用人类发展指数对中国城乡发展差距的一种估计》，《经济研究》2004 年第 11 期。

［100］宋生瑛：《均等化基本公共服务的路径分析》，《经济问题》，2009 年第 9 期。

［101］宋学明：《中国区域经济差距的收敛性分析》，《经济研究》1996 年第 9 期。

［102］孙百才：《改革开放三十年来中国地区间教育发展的收敛性检验》，《清华大学教育研究》2008 年第 12 期。

［103］孙菊：《中国卫生财政支出的实证分析》，中国社会科学出版社2010 年版。

［104］孙群力：《财政分权对政府规模影响的实证研究》，《财政研究》2008 年第 7 期。

［105］孙荣、辛方坤：《财政支出规模、结构与社会福利的动态均衡研究》，《经济问题探索》2011 年第 8 期。

［106］覃成林、罗庆：《中国区域人类发展差异研究》，《经济经纬》2004 年第 6 期。

［107］滕建州、梁琪：《中国区域经济增长收敛吗？——基于时间序列的随机收敛和收敛研究》，《管理世界》2006 年第 12 期。

［108］铁刚：《基于社会福利指标的我国财政支出合理化研究》，《东北大学学报（社会科学版）》2010 年第 3 期。

［109］涂冬波：《我国教育发展差异的实证研究》，《教育科学》2005 年第 2 期。

［110］汪丁丁主编：《新政治经济学评论（十）》，浙江大学出版社2008 年版。

［111］汪毅霖：《人类发展指数测度方法的改进路径与方向》，《西部论坛》2011 年第 7 期。

［112］王丽娟、李亚宁：《我国政府间转移支付制度的发展方向》，《经济师》2004 年第 2 期。

［113］王善迈、杜育红、刘远新：《我国教育发展不平衡的实证分析》，《教育研究》1998 年第 6 期。

［114］王守坤：《中国转移支付体制的公共服务均等化效应：分布演进与计量检验》，《经济经纬》2012 年第 4 期。

［115］王文剑、覃成林：《地方政府行为与财政分权增长效应的地区性差异》，《管理世界》2008 年第 1 期。

［116］王晓洁：《中国公共卫生支出均等化水平的实证分析：基于地区差别视角的量化分析》，《财贸经济》2009 年第 2 期。

［117］王秀芝：《中国财政转移支付制度问题研究》，《经济研究导刊》2009 年第 12 期。

［118］王远林：《公共卫生投资与区域经济增长关系的实证研究》，《经济学家》2004 年第 2 期。

［119］魏后凯、杨大利：《地方分权与中国地区教育差异》，《中国社会科学》1997 年第 1 期。

［120］魏后凯：《中国地区经济增长及其收敛》，《中国工业经济》1997 年第 3 期。

［121］吴传清主编：《区域经济学原理》，武汉大学出版社 2008 年版。

［122］吴丹：《欠发达地区农村公共产品供给及其效应研究》，西北农林科技大学博士论文，2012 年。

［123］吴丹：《转移支付对我国地区经济收敛的影响分析》，苏州大学硕士论文，2012 年。

［124］吴德刚：《中国教育发展地区差距研究——教育发展不平衡性问题研究》，《教育研究》1999 年第 7 期。

［125］吴胜泽：《我国政府间转移支付制度效率研究》，《经济研究参

考》2008 年第 71 期。

［126］吴映梅、普荣、白海霞：《中国省级人类发展指数空间差异分析》，《昆明理工大学学报（社会科学版）》2008 年第 8 期。

［127］项继权、袁方成：《我国基本公共服务均等化的财政投入与需求分析》，《公共行政评论》2008 年第 3 期。

［128］谢京华：《政府间财政转移支付制度研究》，浙江大学出版社 2011 年版。

［129］谢童伟、张锦华、吴方卫：《中国教育省际差距收敛分析及教育投入体制效应评价与改进——基于 31 个省（市）面板数据的实证分析》，《当代经济科学》2011 年第 4 期。

［130］辛波：《政府间财政能力配置问题研究》，中国经济出版社 2005 年版。

［131］熊波、周昂：《试论中国财政转移支付的问题与改革思路》，《经济研究导刊》2008 年第 17 期。

［132］徐健：《构建适合国情的财政转移支付制度》，《青年思想家》1998 年第 1 期。

［133］徐现祥、李郇：《中国城市经济增长的趋同分析》，《经济研究》2004 年第 5 期。

［134］徐现祥、舒元：《中国省区增长分布的演进》，《经济学（季刊）》2004 年第 3 期。

［135］徐小青：《中国农村公共服务》，中国发展出版社 2002 年版。

［136］亚当·斯密：《国富论》，唐甘松等译，华夏出版社 2005 年版。

［137］杨灿明：《地方政府行为与区域市场结构》，《经济研究》2000 年第 11 期。

［138］杨俊、李雪松：《教育不平等、人力资本积累与经济增长：基于中国的实证研究》，《数量经济技术经济研究》2007 年第 2 期。

［139］杨永恒、胡鞍钢、张宁：《基于主成分分析法的人类发展指数替代技术》，《经济研究》2005 年第 7 期。

[140] 杨永恒、胡鞍钢、张宁：《中国人类发展的地区差距和不协调——历史视角下的"一个中国，四个世界"》，《经济学（季刊）》2006年第2期。

[141] 姚明霞：《中国政府财政支出对经济社会发展的影响》，《经济理论与经济管理》2008年第12期。

[142] 殷洁著：《区域经济法论纲》，北京大学出版社2009年版。

[143] 尹恒、朱虹：《中国县级地区财力缺口与转移支付的均等性》，《管理世界》2009年第4期。

[144] 俞卫：《医疗卫生服务均等化与地区经济发展》，《中国卫生政策研究》2009年第2期。

[145] 袁飞等：《财政集权过程中的转移支付和财政供养人口规模膨胀》，《经济研究》2008年第5期。

[146] 翟博：《教育均衡发展：理论、指标及测算方法》，《教育研究》2006年第3期。

[147] 翟博：《中国基础教育均衡发展的实证分析》，《教育研究》2007年第7期。

[148] 张恒龙、秦鹏亮：《政府间转移支付与省际经济收敛》，《上海经济研究》2011年第8期。

[149] 张恒龙：《我国财政均等化现状研究：1994—2004》，《中央财经大学学报》2006年第12期。

[150] 张鸿武：《趋同与中国地区经济差距实证研究》，华中科技大学博士论文，2006年。

[151] 张明喜：《转移支付与我国地区收入差距的收敛分析》，《财经论丛》2006年第9期。

[152] 张朋、黄葭燕：《我国卫生服务均等化的相关研究比较》，《中国卫生资源》2013年第1期。

[153] 张文爱：《中国西部地区经济增长的差距与收敛性研究：动态与机制》，西南财经大学博士论文，2012年。

［154］张晓旭、冯宗贤：《中国人均 GDP 的空间相关与地区收敛：1978－2003》,《经济学季刊》2008 年第 1 期。

［155］张馨：《公共产品论之发展沿革》,《财政研究》1995 年第 3 期。

［156］张雪平：《地方财政自给能力与中央对地方转移支付的实证分析》,《财经论丛》2004 年第 5 期。

［157］张晏、龚六堂：《分税制改革、财政分权与我国经济增长》,《经济学（季刊)》2005 年第 5 期。

［158］赵志强、叶蜀君：《东中西部地区差距的人类发展指数估计》,《华东经济管理》2005 年第 12 期。

［159］郑晓玲：《中国财政管理体制的历史变迁与改革模式研究（1949－2009)》,福建师范大学博士论文,2011 年。

［160］中国财政学会"公共服务均等化问题研究"课题组：《公共服务均等化问题研究》,《经济研究参考》2007 年第 58 期。

［161］中国社会科学院经济研究所：《现代经济词典》,江苏人民出版社 2005 年版。

［162］钟晓敏：《政府间财政转移支付论》,立信会计出版社 1998 年版。

［163］周长林、周纳、许翼主编：《国民经济和社会发展指标解读》,当代中国出版社 2010 年版。

［164］朱清香、谢姝琳、李强：《关于预期受教育年限测算的改进》,《统计与决策》2009 年第 9 期。

［165］祝梅娟：《我国省际间教育投入公平状况的实证研究》,《经济问题探索》2003 年第 2 期。

［166］Abramovitz M. Catching Up, Forging Ahead, and Falling Behind. Journal of Economic History, 1986 (46).

［167］Albert Breton. Competitive Governments：An Economic Theory of Polities and Public Finance. New York：Cambridge University Press, 1996.

[168] Albert Breton. The Growth of Competitive Government. The Canadian Journal of Economics, 1989, 22.

[169] Arrow K J, Kurz M. Public Investment, the Rate of Return, and Optimal Fiscal Policy. Baltimore: The John Hopkins Press, 1970.

[170] Bahl Roy. Intergovernmental Transfers in Developing and Transition Countries: Principles and Practice. Washington D. C. : World Bank, 2000.

[171] Bailey Stephen J, Stephen Connolly. The Flypaper Effect: Identifying Areas for Further Research. Public Choice, 1998, 95.

[172] Baltagi B H. Econometrics Analysis of Panel Data. Wiley: Chichester, 2005.

[173] Baretti Christian, Bernd Huber, Karl Lichtblau. A Tax on Tax Revenue: The Incentive Effects of Equalizing Transfers: Evidence From Germany. International Tax and Public Finance, 2002, 9.

[174] Barro R J. Government Spending in a Simple Model of Endogenous Growth. Journal of Political Economy, 1990, 98.

[175] Barro R J. Economic Growth in a Cross Section of Countries. Quarterly Journal of Economics, 1991, 106.

[176] Barro R, Sala-I-Martin X. Convergence. Journal of Political Economy, 1992, 100.

[177] Barro R, Sala-I-Martin X. Economic Growth and Convergence across the United States. NBER working paper, 1990.

[178] Barro R, Sala-I-Martin X. Regional Growth and Migration: A Japan-U. S. Comparison. NBER Working Papers 4038, National Bureau of Economic Research, Inc, 1992.

[179] Barro R J, Detonnents of Economic Growth: Across Country Empirical Study. Cambridge, MA: MIT Press. Finance & Trade Economics, No. 6, 2007.

[180] Besley T, Coate S. Centralized versus Decentralized Provision of Lo-

cal Public Goods: A Political Economy Analysis. Journal of Public Economics, 2003, 87.

[181] Boadway, Shah. Intergovernmental Fiscal Transfers: Principles and Practices. Washington, D. C: World Bank, 2007.

[182] Borcherding T E, Deacon R T. The Demand for Services of Nonfederal Governments. American Economic Review, 1972, 6.

[183] Brernan G, Buchanan J M. The Power to Tax: Analytical Foundations of a Fiscal Constitution. England: Cambridge University Press, 1980.

[184] Buchanan J M. An economic theory of clubs. Economics, 1965, 32.

[185] Bucovetsky S. Public Input Competition. Journal of Public Economics, 1995, 89.

[186] Cashin P, Sahay R. Internal Migration, Center-State Grants, and Economic Growth in the States of India. Washington DC: IMF Working Paper, 1995.

[187] Cliff A, Ord J K. Spatial Processes: Models and Applications. London: Pion, 1981.

[188] David Joulfaian, Michael L M. Government Size and Decentralization: Evidence from Disaggregated Data. Southern Economic Journal, 1990, 56.

[189] Delong B. Productivity, Growth Convergence, and Welfare: Comment. American Economic Review, 1988, 78.

[190] Demurger S. Infrastructure Development and Economic Growth: An Explanation for Regional Disparities in China. Journal of Comparative Economics, 2001, 29.

[191] Dillinger William, Guillermo Perry, Webb S B. Macroeconomic management in decentralized democracies: the quest for hard budget constrains in Latin America. In Annual World Bank Conference on Development: Latin America and the Caribbean, 1999.

[192] Epple Dennis, Allan Zelenitz. The Implications of Competition a-

mong Jurisdictions: Does Tiebout Need Politics?. Journal of Political Economy, 1981, 89.

[193] Fagerberg J. Technology and international differences in growth rates. Journal of economic literature, 1994, 32.

[194] George Liaskos, Christos T, Papadas. Human Capital Convergence in Greece: A Panel Data Analysis. Agricultural University of Athens: Department of Agricultural Economics Working Paper No. 2009 – 10.

[195] Higgins M, Young A, Levy D. Robust correlates of county-level growth in the United States. Applied Economics Letters, 2010, 17.

[196] Higgins M, Levy D, Young A. Growth and Convergence across the US: Evidence from County-level Data. Review of Economics and Statistics, 2006, 88.

[197] Humplick Frannie, Antonio Estache. Does Decentralization Improve Infrastracture Performance?. World Bank Discussion Paper Series, No. 290, 1995.

[198] Huther Jeff, Shah. Applying a Simple Measure of Good Govemance to the Debate on Fiscal Decentralization. World Bank Policy Research Working Paper, No. 1894, 1998.

[199] James Tobin. On Limiting the Domain of Inequality. Journal of Law and Economics, 1970, 13.

[200] Keen M, Marchand M. Fiscal Competion and the Pattren of Public Spending. Journal of Public Economics, 1997, 66.

[201] Lai D. Principal Component Analysis on Human Development Indicators of China. Social Indicator Research, 2003, 61.

[202] Lai D. Temporal Analysis of Human Development Indicators: Principal Component Approach. Social Indicator Research, 2001, 51.

[203] Leiter A M, Theurl E. The Convergence of Health Care Finance in Structures Empirical Evidence from OECD – Countries. Eur J Health Econ,

2012, 13.

[204] Hongbin Li, Li-An Zhou. Political Turnover and Economic Performance: the Incentive Role of Personnel Control in China. Journal of Public Economics, 2005, 9.

[205] Lin J Y, Liu Z. Fiscal decentralization and economic growth in China. Economic Development and Cultural Change, 2000, 49.

[206] Luiz de Mello, Matias Barendtein. Fiscal Decentralizatio and Governance: A Cross-Country Analysis. IMF Working Paper W/P01/71, 2001.

[207] Ma Jun. Intergovernmental Relations and Economic Management in China. England: Macmillan Press, 1997.

[208] Martin C. The Spanish Economy in the New Europe. USA: Macmillan, UK and St. Martin's Press, 2000.

[209] Martin C, Velázquez F. An Assessment of Real Convergence of Less Developed EU Members: Lessons for the CEEC Candidates. Working Paper, No. 5, European Economy Group (EEG), Universidad Complutense de Madrid, 2001.

[210] Maskin Eric, Yingyi Qian, Chenggang Xu. Incetives, Scale Economies, and Organizational Form. Review of Economic Studies, 2000, 67.

[211] Mcguire M. Group Segregation and Optimal Jurisdictions. Journal of Political Economy, 1974, 82.

[212] Montinola G, Qian Y, Barry R W. Federalism, Chinese Style: The Political Basis for Economic Success in China. Word Polities, 1995, 1.

[213] Musgrave, Richard A. The Voluntary Exchange Theory of Public Economy. Quarterly Journal of Economics, 1939, 11.

[214] Musgrave, Richard. Public Finance. New York: McGraw Hill, 1959.

[215] Musgrave R A. The theory of Public Finance. New York: McGraw Hill, 1959.

[216] Myerson R B. Game Theory: Analysis of Confict. Cambridge: Har-

vard University Press, 1991.

[217] Niskanen, William A. Bureaucracy and Representative Government. Chicago: Aldine Atherton, 1971.

[218] Nixon J. Convergence Analysis of Health Care Expenditure in the EU Countries Using Two Approaches. Discussion Papers, York: University of York, 1999, 99.

[219] Noorbakhash F. The Human Development Indices: Some Technical Issues and Alternative Indice. Journal of International Development, 1998, 10.

[220] Oates W E. Fiscal federalism New York: Harcourt Brace Jovanovich, 1972.

[221] Oates W E. On the Measurement of Congestion in the Provision of local Public Goods Journal of Urban Economics, 1985, 24.

[222] Ostrom V, Ostrom E. Public goods and public choices, in Alternatives for Delivering Public Services: Toward Improved Performance. Westview Press, 1977.

[223] Paul A, Samuelson. The Pure Theory of Public Expenditures. Review of Economics and Statistics, 1954, 36.

[224] Perroux F. The Development and International Economy. Jerusalem: The Challenge of Development, 1957.

[225] Qian Y, Weingast B. China's Transition to Markets: Marketing Preserving Federalism, Chinese style. Journal of Poliey Reform, 1996, 1.

[226] Qian Y, Weingast B. Federalism as a Commitment to preserving Market Incentives. Journal of Economic Perspectives, 1997, 11.

[227] Qian Yingyi, Gerald Roland. Federalism and the Soft Budget Constraint. The American Economic Review, 1998, 88.

[228] Quah D. Twin Peaks: Growth and Convergence in Models of Distribution Dynamics. The Economic Journal, 1996, 106.

[229] Randa Sab, Stephen C S. Human Capital Convergence: International

Evidence. IMF Working Paper No. 01/32, 2001.

[230] Rao C R. The Use and Interpretation of Principal Component Analysis in Applied Research. Sankhya A, 1964, 26.

[231] Richardson H W. Regional Growth Theory. London: Mac Millan, 1973.

[232] Rosen, Harvey S. Public Finance. Illinois: Richard D. Irwin, Inc, 1995.

[233] Ruben, Enikolopov, Ekaterina V, Zhuravskaya. Decentralization and Political Institutions. Centre for Economic Policy Research (CEPR) Working Paper, 2004.

[234] Sagar A D, Najam A. The Human Development Index, a Critical Review. Ecological Economics, 1998, 25.

[235] Samuelson, Paul A. The Pure Theory of Public Expenditures. Review of Economics and Statistics, XXXVI, No. 4, 1954, 11.

[236] Serge Coulombe, Jean-Francois Tremblay. Human Capital and Regional Convergence in Canada. Journal of Economic Studies, 2001, 3.

[237] Shah A. The Reform of Intergovernmental Fiscal Relations in Developing and Emerging Market Economies. Policy and Research Seriesno. 23, Washington DC: Word Bank, 1994.

[238] Shah A, Boadway R. Intergovernmental Fiscal Transfers. Washington D. C. : World Bank, 2006.

[239] Sharma S. Applied Multivariate Techniques John Wiley & Sons, Inc. 1996,

[240] Solow R M. Technical Change and the Aggregate Production Function. The Review of Economics and Statistics, 1957, 39.

[241] Stigler G. Tenable Range of Functions of Local Government. Washington, D. C. : Joint Economic Committee Subcommittee on Fiscal Policy, 1957.

[242] Stiglitz J E, Dasgupta R. Differential Taxation, Public Goods and Economic Efficiency. Review of Economic Studies, 1971 (38).

[243] Tanzi V. Fiscal Federalism and Decentralization: A Review of Some Efficiency and Macroeconomic Aspects. In Annual Bank Conference on Development Economics, 1995.

[244] Tiebout C M. A Pure Theory of Local Expenditures. Journal of Political Economy, 1956, 64.

[245] Tresch R W. Public finance. New York: Academic Press Inc, 1981.

[246] Tsui K. Local Tax System, Intergovernmental Transfers and China. Local Fiscal, 2005.

[247] Weeks M, Yudong Y. Provincial Conditional Income Convergence in China, 1953 – 1997: A Panel Data Approach. Econometric Reviews, 2003, 22.

[248] Weingast B. The theory of comparative federalism and the emergence of economic liberalization in Mexico, China and India, Hoover Institute, mimeo, 2000.

[249] Williamson J G., Regional Inequality and the Process of National Development: A Description of the Patterns. Economic Development and Cultural Change, 1965, 13.